東京レコード散歩

追歩版

TOKYO NEWS BOOKS

カバー・表紙イラスト　ソリマチアキラ

東武東上線
板橋
赤羽線
飛鳥山公園
王子
西武新宿線
目白
山手線
西武池袋線
東横デパート
池袋
西武デパート
大塚
巣鴨
上中里
駒込
尾久
六義園
京成電鉄
護国寺
三河島
常磐線
田端
寛永寺
小石川植物園
博物館
早稲田大学
江戸川橋
厚生年金病院
後楽園遊園地
後楽園
競輪場
飯田橋
大曲
講道館
東京大学
図書館
芸術大学
動物園
日暮里
国際劇場
隅田公園
白鬚橋
赤門
上野動物園
鶯谷
科学博物館
西洋美術館
上野
スケート場
春日町
後楽園球場
靖国神社
水道橋
水道橋能楽堂
御茶ノ水
中央本線
九段
神保町書店街
YWCA
湯島聖堂
不忍池
本牧亭
新世界
浅草
浅草観音
雷門
仲見世
松坂屋
ニコライ堂
小川町
交通博物館
青果市場
御徒町
秋葉原
秋葉原デパート
松屋
吾妻橋
気象台
交通公社本社
新丸ビル
大手町
大手町ビル
国鉄
YMCA
産経会館
国技館
駒形橋
厩橋
須田町
神田
総武本線
浅草橋
新大手町ビル
丸ビル
日本銀行
室町三
小伝馬町
浅草橋
蔵前橋
震災記念堂
三越本店
日本橋
浜町公園
両国
両国橋
錦糸町
東京
大丸
鉄鋼ビル
有楽町
日劇
朝日新聞
読売新聞
白木屋
末広
明治座
日大講堂
江東楽天地
高島屋
証券取引所
水天宮
新大橋
ブリヂストンビル
茅場町
国立近代美術館
松屋
三越
歌舞伎座
日本経済新聞
清洲橋
青澄庭園
松坂屋
松竹会館
聖路加病院
水上バス
佃ノ渡
永代橋
富岡八幡
東京温泉
演舞場
築地
西本願寺
石川島重工
東劇
中央市場
遊覧船のりば
相生橋
浜離宮
勝鬨橋
東京港めぐり遊覧船
凡例
国鉄
私鉄
航路
遊覧コース
昼間一般コース
家族向一般コース
夜のコース
夜の豪華コース
羽田コース
産業観光コース
観劇コース

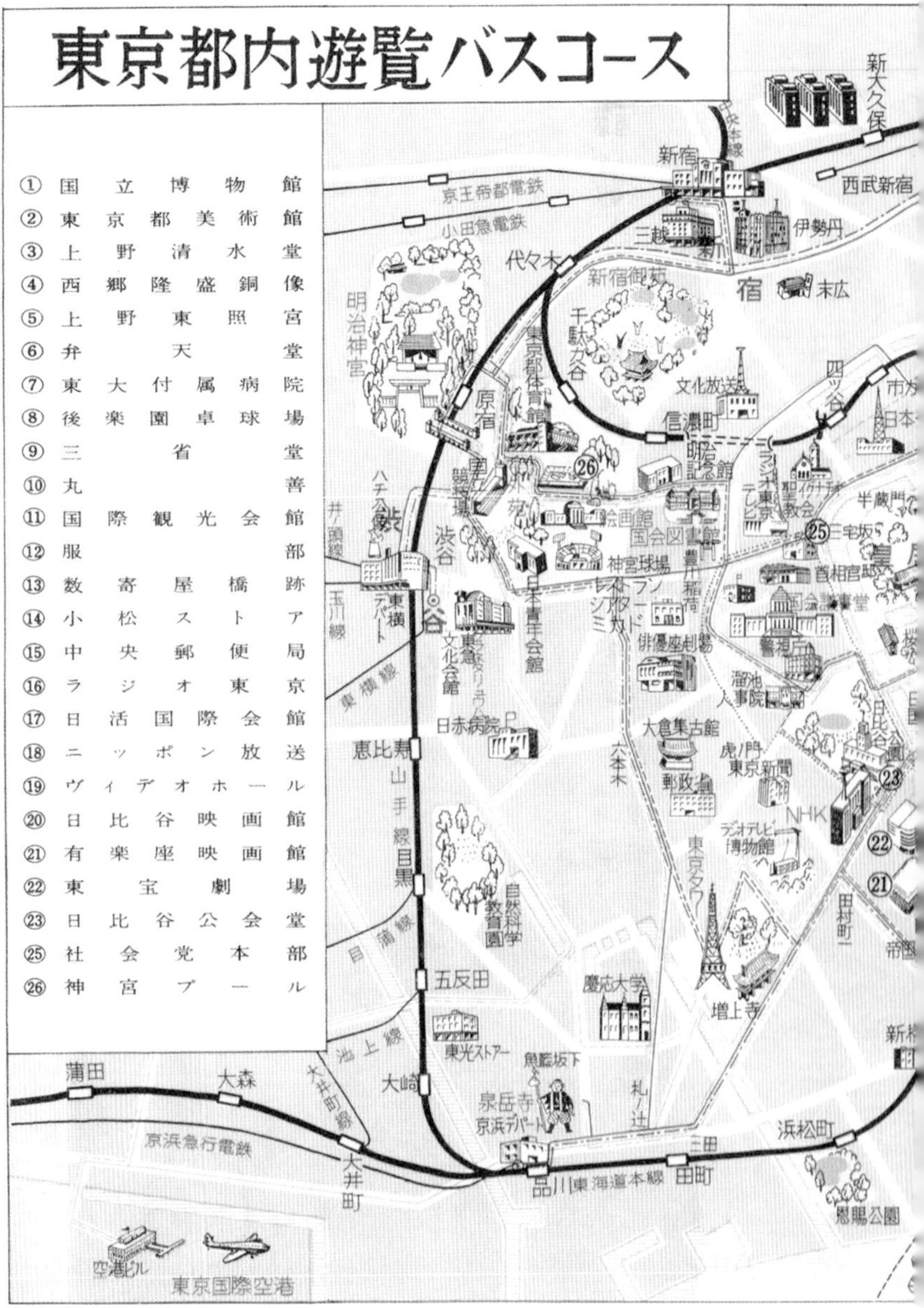

東京都内遊覧バスコース
① 国立博物館
② 東京都美術館
③ 上野清水堂
④ 西郷隆盛銅像
⑤ 上野東照宮
⑥ 弁天堂
⑦ 東大付属病院
⑧ 後楽園卓球場
⑨ 三省堂
⑩ 丸善
⑪ 国際観光会館
⑫ 服部
⑬ 数寄屋橋跡
⑭ 小松ストア
⑮ 中央郵便局
⑯ ラジオ東京
⑰ 日活国際会館
⑱ ニッポン放送
⑲ ヴィデオホール
⑳ 日比谷映画館
㉑ 有楽座映画館
㉒ 東宝劇場
㉓ 日比谷公会堂
㉕ 社会党本部
㉖ 神宮プール
新大久保
中央本線
新宿
西武新宿
京王帝都電鉄
小田急電鉄
三越
伊勢丹
代々木
新宿御苑
末広
明治神宮
千駄ケ谷
東京都体育館
文化放送
四ツ谷
原宿
信濃町
明治記念館
絵画館
国会図書館
神宮球場
豊川稲荷
三宅坂
首相官邸
国会議事堂
警視庁
渋谷
東横デパート
井ノ頭線
玉川線
東急文化会館
日本青年会館
俳優座劇場
溜池
人事院
大倉集古館
虎ノ門
東京新聞
郵政省
NHK
ラジオテレビ博物館
日赤病院
恵比寿
山手線
目黒
東横線
目蒲線
五反田
自然教育園
六本木
東京タワー
慶応大学
増上寺
東光ストアー
池上線
大崎
魚籃坂下
泉岳寺
京浜デパート
札ノ辻
蒲田
大森
大井町線
京浜急行電鉄
大井町
品川
東海道本線
三田
田町
浜松町
空港ビル
東京国際空港

著者所蔵

はじめに「東京とレコード」

東京の街並を大きく変貌させた昭和39年の東京オリンピックが終わって間もない頃の東京で生まれた自分は、ことあるごとにあと10年早く生まれたかったと思いつづけてきた。ビートルズ来日も第1次怪獣ブームもGSの大流行も、幼すぎたゆえに十分に享受することができなかったのはなんとも悔しい。映画やテレビをはじめ、あらゆる文化において1960年代への憧れは歳を重ねる毎に募るばかり。そのせめてもの慰みとして、時代の物証となる古本や中古レコードを集めるに至ったのだった。昨今ちょっとした流行りとなった昔の東京の写真集にも当然興味があって、所在なく眺めたり、実際に定点観測するのも好きなのだが、残念ながら自分で撮りだめた写真があるわけではない。そこで今まで集めてきたレコードのジャケットに写る風景でタイムトリップできないかと考えたのがこのコラムの発端だった。歌謡曲の世界に欠かせないジャンル〝ご当地ソング〟は、決して地方だけのものではなく、都内各所に関連する歌も数多く存在しているからだ。

ご当地ソングのルーツは、昭和41年に出されてヒットした美川憲一『柳ヶ瀬ブルース』といわれる。それ以前にももちろん地名が織り込まれた歌はあったが、美川をスターダムにのし上げ、それまであまり知られていなかった岐阜の歓楽街が一躍知れ渡ったこの曲をきっかけに、以降、全国各地の盛り場や港町などを舞台にした歌謡曲が俄然増えていった。ちなみに、ご当地ソングという括りは、クラウンレコードの宣伝マンの発案だったらしい。翌年、オリコンのランキングがスタートして初の1位を獲得した黒沢明とロス・プリモス『ラブユー東京』から、ムードコーラスのブームが一気に拡大したのも大きかった。鶴岡雅義と東京ロマンチカ『小樽のひとよ』や内山田洋とクール・ファイブ『長崎は今日も雨だった』もまた然り。全国津々浦々、四季折々の土地の魅力が歌われたご当地ソングにも興味は尽きないが、ここでは自分が生まれ育った愛すべき東京にちなんだ歌の面影を追いかける。

ひとくちに東京の歌といっても、その性質には様々なパターンがあって、歌謡曲がまだ流行歌と呼ばれていた時代、そのルーツともいえる昭和4年の『東京行進曲』（唄・佐藤千夜子）では、モボ・モガ（モダンボーイ、モダンガールの略）が行き交う銀座の様子が歌われた。それから7年後、さらにモダンを極めた東京が歌われたのが、藤山一郎『東京ラプソディ』で、銀座、神田、浅草、新宿と、東京の各所が朗らかに歌われる古賀政男の傑作。戦後になり、復興しつつあった都市に希望を込めて歌われた『東京の屋根の下』も同一線上にある歌といえるだろう。服部良一が作曲し、灰田勝彦が歌った。これらは純粋にモダン都市・東京が歌われたもの。メジャーコードで昼間の情景が思い浮かぶ。その後、春日八郎や三橋美智也が歌って支持を集めた望郷歌謡でも『東京の蟻』『おさらば東京』など東京を題材にしたものが多いが、それらは地方から見た東京への憧れや上京後の都会での労苦が歌われた、また違うジャンルに属する東京の歌である。この路線では、守屋浩『僕は泣いちっち』や井沢八郎『あゝ上野駅』、もっと時代を下れば、マイペース『東京』や具体的な地名こそ出てこないが、太田裕美『木綿のハンカチーフ』も同路線に属した歌といえる。

望郷歌謡の流行と同じ昭和30年代前半には、東京の夜が歌われたスタイリッシュな流行歌も登場する。鶴田浩二をはじめ、フランク永井、和田弘とマヒナ・スターズ、松尾和子ら、作曲家・吉田正の門下生たちが歌うビクターの都会派ムード歌謡が一大勢力となっていった。一方で、ディック・ミネから連なるテイチクのモダンな路線も、バッキー白片とアロハ・ハワイアンズや有馬徹とノーチェ・クバーナといった楽団の演奏ものを経て、石原裕次郎へと受け継がれる。ラテンやハワイアン音楽をルーツとするムード歌謡はこの2社が牽引し、代表する曲が、『有楽町で逢いましょう』『銀座の恋の物語』と、それぞれ東京一の街・銀座であったことは単なる偶然ではない。

東京で最も多く歌の題材にされた街は、間違いなく銀座と新宿がツートップのはずだ。若者の街・新宿の歌がだんぜん増えるのは、昭和40年代に入ってから。ちょっと敷居が高い銀座に比べると、大衆的な新宿には気のおけない盛り場歌謡が似合う。昭和44年に〝演歌の星〟藤圭子が『新宿の女』でデビューして一斉を風靡したことでその傾向は決定的となり、いずれも夜のイメージながら、ムード歌謡の銀座に対して、演歌の新宿というイメージが定まったのである。どちらもそれぞれで優に一冊の本になり得るほどの盤が存在するため、ここで採り上げたものはごく一部であることをご諒承願いたい。

そのほかの街でも地名や名所がタイトルや歌詞に登場する歌は多々あるが、レコード好きの触手が敏感に反応するのは、やはりジャケットに街の風景が採り入れられているもの。写真でもイラストでも、景色のいいジャケットを見つけると思わず手が伸びてしまう。よって本書で紹介したレコードは、曲の良し悪しにこだわらず、ジャケットの景色を優先している。ジャンルも時代も千差万別な東京のレコードにはまだまだ未知のものが山ほどあるだろう。これから先、どんな盤に出逢えるかも楽しみで堪らないのである。

CAPITOL FULL DIMENSIONAL STEREO
ST 10287
'CAPITOL' OF THE WORLD
Capitol RECORDS
HIGH FIDELITY
RECORDED IN TOKYO
RAINY NIGHT IN TOKYO
HACHIDAI NAKAMURA PRESENTS
THE MODERN POP MUSIC OF JAPAN

東京レコード散歩

鈴木啓之　著

著者所蔵のポストカード

東京は恋する街
東京デイト
美空ひばり
コロムビアレコード

著者所蔵のポストカード

東京レコード散歩 その1 GINZA

銀座

銀座へ出かけるときは子どもの頃から現在に至るまで、どこかちょっと居住まいを正すような気持にさせられる。東京の他の街にはない、緩やかな緊張感を伴うのだ。Tシャツに短パン、ましてやジャージ姿などでは決して足を踏み入れてはならない街である。小学生の頃は革靴を履かなければいけないところだと思っていた。中学生になってひとりであちこちへ出かけるようになると、銀座は俄然好きな街のトップに躍り出る。

その昔、数寄屋橋ショッピングセンターやソニービルに中古レコード店「ハンター」があった頃は、もっとも銀座を訪れる頻度が高かった。オールジャンルのレコードが安く、品数も多いハンターは素晴らしい店で、いったいどれだけのレコードを買っただろうか。ただひとつ惜しかったのは、レコードが入っているメーカーの袋とジャケットを値札ごと直接ホチキスで留めるという困った習慣で、初めてそれを見たときはショックだった。ところが慣れてくると、買い求めたレコードを家に持ち帰って、ホチキスをきれいに外す作業が楽しくなる。ジャケットに空いた小さな針穴をカッターナイフを使って塞ぐのが快感になってしまった。この作業の仕上がりについては誰にも負けない自信があるのだが、その後ハンターも閉店してしまい、匠の技を発揮する場がなくなってしまったのは少々残念。今では銀座を訪れるのは月に一、二度であろうか。時間

中古レコード店「ハンター」があった数寄屋橋ショッピングセンター（現GINZA 5 FIVE）

東急プラザ銀座屋上から見下ろした交差点

があれば「山野楽器」でCDを物色した後、銀座コア内にあるブックファーストで新刊チェックをする。ついでにトイレットを借りたりして。書店に滞在中に小用をもよおすという連鎖反応は誰に聞いても〝あるある〟になるから不思議だ。

この日も山野楽器の1階（※）で同行のT氏と待ち合わせ。改装前、まだアナログ盤が主流だった時代の同店の様子も憶えている。ここを訪れる度に、このまま昭和30～40年代にタイムスリップしたいと猛烈に思う。もしも時間旅行ができたら、他のどこにも行けなくてよいから、在庫のいっぱいある大きなレコード店で定価２９０円や３３０円のシングル盤を買い漁りたいとつくづく。しかしこんな時代になっても、銀座の一等地でCDが買えるというのは本当に有難いと思う。この日もキャンセル分で店頭に出ていたきゃりーぱみゅぱみゅの限定シングルをつい買ってしまった。いつまでたっても限定モノには弱い。他所で買い逃してしまった限定盤や初回盤のCDなど、こちらでずいぶんと救われている。これからも頼りにしております。山野楽器の正面入口を出ると、すぐ目の前は4丁目交差点。その一角を占める円筒型の三愛ビルは昭和38年に開業して現在に至っている。今はリコーの看板が聳《そび》えているが、以前は複数階にショールームを擁した三菱電機のネオンが輝いていた。そのショールームの名を冠したタイアップソング**『スカイリング・デイト』**は梓みちよの極めて初期

山野楽器本店

※その後、リニューアル工事に入り、音楽ソフトの売場が上の階になってしまったのは淋しいかぎり。いつかまた1階に復活してほしい

銀座四丁目交差点。
銀座のシンボル和光

のシングルで、彼女のレコードでは最もレアな一枚である。階上にあった眺めのよいティールームは、映画やテレビドラマのロケなどにもよく使われていた。

交差点から歌舞伎座方面へ進むと、三原橋。橋の上にあった小さなレコード店「ミヤコ」は、界隈の再開発で最近ついに店を閉めてしまった。地下街の名画座「銀座シネパトス」もすでになく、付近では5軒ほどの飲み屋がある渋い三原橋横丁がかろうじて健在なくらい。昭和の面影がどんどん失われてゆく。東銀座の交差点からすぐ、昭和通り沿いの改造社書店は歴史ある書店として、これからも健在であってほしい。都心部は来るべき東京オリンピックを前に建て替えラッシュが続き、銀座も松坂屋や東芝ビルの跡地を筆頭に工事風景が目立つ。昭和39年の東京五輪の際は道路拡張の整備も著しかったから、東京中がもっと喧騒に満ちていたのであろう。昔名画座で観た東宝の映画「やぶにらみニッポン」には、その頃の様子が活写されていた。今の東京の変化もしっかりと記録されて然るべきだ。

再び四丁目の交差点に戻り、晴海通りを日比谷方面へ。昭和の銀座の風景に欠かせなかった森永の球形のネオン看板が聳《そび》えていたのは、かつてよく通った近藤書店と洋書のイエナがあった辺りだったろうか。調べてみたら昭和58年に撤去されたそうで、意外と長く存在していたのだ。それから30年余り、風景が

大正13年に開業した銀座最古の百貨店、松坂屋が平成25年に建て替えのため閉店。右の写真は平成26年撮影。左は現在のGINZA SIX

一変してしまったため、正確な場所が把握できない。さらに先、ソニービルの裏手の通り沿いにあった喫茶店「蔵王」はいい雰囲気の店だった。ここでその日に買った本やレコードを眺めながらコーヒーとケーキで一服した至福の時間が懐かしい。界隈の喫茶店がずいぶんと店を閉じてしまった中で、並木通りとみゆき通りの交差点に位置する風月堂が今も盛業中なのは嬉しい。落ち着ける二階の席がお薦めである。そして数寄屋橋の交差点角に、ずっと昔からあるのがペコちゃんでお馴染みの不二家。ビルの建て替え前、大きなフランスキャラメルの看板が掲げられていた頃が街の風景にいちばん美しく収まっていた。無類の不二家好きとしては、毎年クリスマスケーキはここで予約して買っている。クリスマスに苺のショートケーキを食べる風習は不二家が世に広めた由。

さて、銀座をテーマにした昭和40年代のヒットソングでは和泉雅子と山内賢が歌ったベンチャーズ歌謡**『二人の銀座』**や、三田明の**『数寄屋橋ブルース』**などがあるが、30年代にヒットした銀座の歌といえば、なんといっても**『銀座の恋の物語』**（以後、『銀恋』と略）である。たしか歌碑があったはずと思い、岡本太郎のモニュメントが立つ数寄屋橋公園に行ってみたら、そこの石碑は〝数寄屋橋此処にありき〟という菊田一夫先生のもので、『銀恋』の歌碑は通りを渡って、宝くじ売り場のさらに先、西銀座デパートの横にあった。デュエッ

数寄屋橋の交差点角にはペコちゃんでお馴染みの不二家。平成26年撮影

Photo_Roger W

昭和42年頃の
三愛ドリームセンター

トソングの定番としてカラオケ人気も高い『銀恋』は石原裕次郎と浅丘ルリ子の共演により日活で映画化されたが、もともとは「街から街へつむじ風」（昭和36年）という作品の挿入歌としてスクリーンに登場している。ヒロインは芦川いづみであった。歌での相手役・牧村旬子と写ったシングルのジャケットはオリジナル品番だけでも3種あり、再発盤やCDも含めたら10種類近くはあるのではないか。作曲した鏑木創によれば、昭和34年にフランク永井と松尾和子が歌った**『東京ナイト・クラブ』**をベースにして作られたそうで、曲調が似ている。

作曲家・吉田正らが牽引したビクターのムード歌謡も東京の歌の宝庫だ。フランク永井**『西銀座駅前』**は、♪ABC〜XYZで始まるイカした歌で、西銀座駅とは地下鉄丸ノ内線の銀座駅の以前の名称。銀座線の銀座駅と差別化されていたのが分かる。歌詞に出てくる、メトロを降りて上る階段は、数寄屋橋交差点角の交番前の出入口に違いない。西銀座駅が開業したのは昭和32年、レコードはその翌年に発売された。その後昭和39年に日比谷線が開通した際に駅名が改称され、銀座総合駅となったのだった。フランク永井には、かつて駅前に存在したニッポン放送のサテライトスタジオの歌として出された**『若い西銀座』**などもあるが、有名なのはやはり**『有楽町で逢いましょう』**であろう。その話は〈有楽町・日比谷〉篇にてまた。（平成26年8月）

西銀座デパート沿いにある
『銀恋』の歌碑

『西銀座駅前』
フランク永井
（昭和33年）

吉田学校の看板役者が歌う、イカした銀座ソング。佐伯孝夫のブッ飛んだ詞が傑作。フランク自身がストーリーテラー的に出演した日活映画は今村昌平の監督第2作だった。

『銀座』
坂爪 清
（昭和32年）

東芝レコード極めて初期の一枚。ズバリ、ストレートな銀座ソングである。英語と日本語が混じったソフトなムード歌謡。〝純喫茶ニュー美松〟の看板が見える。

『銀座の恋の物語』
石原裕次郎、牧村旬子
（昭和36年）

銀座の歌のナンバーワンはやっぱりこれ。同名の日活映画には当時の銀座の街並が活写されている。銀座のホステスさんとデュエットするのは男子一生の夢。

『深夜の銀座裏』
勝新太郎
（昭和35年）

座頭市よりだいぶ前、若き日の勝新の歌声が初々しい。『東京アンナ』やお別れ公衆電話』を手がけた作詞家・藤間哲郎が、都会の夜に佇む男の寂しさを表現。

『スカイリング・デイト』
梓 みちよ
（昭和38年）

ボッサ・ノバ娘として売り出された梓の2ndシングルは宮川泰作曲の明朗ポップス。〝夢がいっぱい〟〝素敵なデイト〟など、明日への希望に満ちていた時代。

『銀座の雀』
森繁久彌
（昭和37年）※再販ジャケ

川島雄三監督の日活映画「銀座二十四帖」主題歌。月丘夢路と河津清三郎が主演した映画は昭和30年に封切られている。ペーソス溢れる森繁の歌声は味がある。

『銀座ブルース』松尾和子、和田 弘とマヒナ・スターズ（昭和41年）

銀座の歌で最も売れたもののひとつ。松尾はデビュー曲「グッド・ナイト」からレコ大曲「誰よりも君を愛す」、そして『お座敷小唄』などマヒナとの相性は抜群。

『ワン・レイニー・ナイト・イン・トーキョー』ブレンダ・リー（昭和40年）

日本人にも愛聴されたブレンダ・リー。A面は日本語、B面は英語で歌われている。越路吹雪や日野てる子、マヒナ・スターズらとの競作盤。麗しき銀座ナイト!

『数寄屋橋ブルース』三田 明（昭和43年）

大人への脱皮を図りつつあった元祖アイドルが歌うムード歌謡。スーツ姿でポーズをとる姿は紳士服のモデルのようだ。バックに写るのは今も健在のソニービル。

『二人の銀座』和泉雅子、山内 賢（昭和42年）

ベンチャーズ歌謡第1弾。銀座の夜景をイメージして作られたメロディに永六輔が詞を施し、日活の若手俳優コンビが歌った。第2弾『東京ナイト』も名曲。

『たそがれの銀座』黒沢 明とロス・プリモス（昭和43年）

『ラブユー東京』と並ぶ、ロス・プリモスの代表作。1丁目から8丁目までの銀座の風景が織り込まれた構成が面白い。銀座の歌謡曲はこの辺がピークだった。

『銀座の女』高根五郎（昭和43年）

〝～の女〟と地名を冠した歌謡曲はやたらと多い。銀座もまた例外にあらずだが、残念ながらヒットには至らなかった。作詞はなんと三國連太郎。経緯が知りたい。

東京レコード散歩
その
2
YURAKUCHO・HIBIYA

有楽町・日比谷

数寄屋橋交差点の不二家前から現在工事中の東芝ビル跡を感慨深く眺めつつ日比谷方面に進むと、右手に聳《そび》えるのは、有楽町マリオン。昭和56年までは〝娯楽の殿堂〟と呼ばれた日劇が建っていた。正式名を日本劇場といい、日劇ダンシングチームの踊りや歌手のショーなどの実演と東宝映画の封切を兼ねたメイン劇場に、洋画館の丸の内東宝、さらにはついぞ足を踏み入れることがなかった日劇ミュージックホールなどを擁し、戦前に建てられた由緒あるビルであった。昭和54年に「ゴジラ映画大全集」と題した特撮映画の特集上映があり、連日通ったことが懐かしい。ここでクレージー・キャッツの実演を見てみたかった。

その日劇が歌われたレコードに**『日劇讃歌』**がある。曲自体はかなり古くに作られたらしいが、シングル盤はだいぶ後になって出された。日劇で行われた数々のショウで音楽監督を務めた広瀬健次郎の作曲というのが嬉しい。レーベルは東宝レコード、NDTこと日劇ダンシングチームのメンバーが歌った由緒正しき作品。広瀬はアニメ「オバケのQ太郎」や「ど根性ガエル」、映画「若大将」シリーズの音楽なども手がけた個人的に大好きな作曲家で、取材で何度かお目にかかったことがある。最初は東宝の本社、その次はソニービルのティールームと、いずれも所縁の地である有楽町・銀座の周辺だった。現在の有楽町マリオンが竣工したのは昭和59年9月で、その翌月に出された**『ふたり**

「イトシア」の名称は『有楽町で逢いましょう』の歌詞「雨もいとしや」がヒントになっているとか

の有楽町』には早速マリオンが歌い込まれて、ジャケットにも建物がバッチリ写っている。平尾昌晃先生による久々のデュエットソングは第2の**『カナダからの手紙』**とはならなかったものの、東京のご当地ソング史的には重要な一枚だ。ちなみにこの年の12月に公開された新作版「ゴジラ」では、マリオンの建物は早くもゴジラによって破壊されていた。

そして有楽町の歌といえば、なんといっても**『有楽町で逢いましょう』**である。現在待ち合わせ場所として有名なマリオンのからくり時計前には、その歌碑がある。歌唱者であるフランク永井が亡くなった平成20年に建立されたもの。東京の歌で最もよく知られた一曲であり、ムード歌謡の代表作ともいえる。すぐ近くにある『銀座の恋の物語』の歌碑同様に足を留める人がいないのはちょっと寂しかったが、写真を撮っているとわりと年配の方が近づいてきて、「ここにこんなのがあるんだ」などと連れと話していたから、存在を知らない人も多いのだろう。マリオンの吹き抜けを通って有楽町駅方面へ。この辺りはイトシア（有楽町マルイを中核とした商業ビル）ができる前と風景が一変した。変わってないのは果物店「百果園」とその隣の中華料理店「中園亭」のみ。道路の構造も変わった。それでも最上階にレストラン「銀座スカイラウンジ」を擁する交通会館や、東京駅方面に向かうガード下の飲み屋街は変わら

昭和40年から回転続けてきた東京交通会館の銀座スカイラウンジ。令和3年1月に休業。新たに生まれ変わる

マリオンのからくり時計前にある『有楽町で逢いましょう』の歌碑

ず健在である。交通会館の地下には昔、映画のチラシやポスターを販売する店があり、同好の友人とよく訪れた。ついでにゲーセンでスペースインベーダーに興じ、マイアミでスパゲッティ（パスタなどとは言わない）を食べたものだった。

たくさんの人が行き交う駅前広場から今でも薄暗いガードをくぐり抜けると、目の前にビックカメラが現れる。ここはかつての有楽町そごう。店が変わっても建物がそのままなのは何よりのこと。昭和32年5月にデパートがオープンした際のキャッチフレーズ〝有楽町で逢いましょう〟は歌番組のタイトルとなり、秋にはレコードが出されて大ヒットとなる。当時上映されていた洋画「ラスベガスで逢いましょう」をヒントに、そごうの広報担当者のアイデアであったという。雑誌「平凡」で小説が連載され、翌年には大映で映画化された。もちろんフランク永井も出演している。店内の基本構造は変わっていないため、たまにビックカメラを訪れてエスカレーターに乗る度に映画のロケシーンが思い出されて歴史を痛感させられる。代替わりしたとはいえ今も客で賑わっている様子は大変好もしい。

ビックカメラを出て日比谷方面へ向かう。晴海通りを渡って少し進むと、かつての日比谷映画街。現在は日比谷シャンテとなっているところに有楽座と日

かつて有楽町そごうだった
ビックカメラ。店が変わっても
建物はそのまま存在

比谷映画、そして帝国ホテル寄りの角にあったのが千代田劇場で、昭和50〜60年代の東宝の邦画封切は大抵ここで観た。今は同位置に劇場シアタークリエがあり、2階のCafé & Meal MUJIはよく利用している。この道は東京宝塚劇場があることから、昔からヅカファンの出待ちで有名だが、GHQに接収されて〝アーニー・パイル劇場〟と呼ばれた当時の建物はすでになく、瀟洒な現代風のビルに建て替えられている。その隣にあった三井ビル、さらに向かいの三信ビル(※)もこの数年で綺麗に取り壊されて、この辺りでは東宝ツインタワービルが最も古い建物になってしまったのはなんとも寂しい。三井ビルは2階にあった日東紅茶のティールームを、映画を観た後などによく訪れた。ガラス張りで通りを見下ろせる気持ちの良い店だった。そしてこのビルの地下には、かつてラッキー商会という老舗のレコード店があり、よく買い物をしたのが懐かしい。客にはとても親切な女主人が、要領の悪い若い男性従業員をいつも叱りつけていたのが気の毒ながらも可笑しかった。新譜がショーウィンドウに並べられていた独特な陳列は、レコードが贅沢品だった時代の名残であったろう。自分が通ったのは昭和の終わりの頃ですでに品数も少なめだったと記憶するが、手元にある日劇の昭和45年「西郷輝彦ショウ」のパンフレットの裏表紙に同店の広告が載っており、写真に写る店内はグッと賑やかな感じ。よく見ると「ドリフのほんとに

※三井ビルと三信ビルの跡地には東京ミッドタウン日比谷が平成30年春に開業。最後の砦だったツインタワービルも令和2年遂に解体された

ラッキー商会の広告(昭和45年)(著者所蔵)

昭和45年開業の帝国ホテルポストカード(著者所蔵)

ほんとにご苦労さん」のポスターが貼ってあったりして。入口でお客様を迎えてくれていた大きなニッパー君は今もどこかで健在だろうか。それにしてもいい雰囲気と匂いのした、忘れられないレコード屋さんである。

三井ビルとは地下通路で繋がっていた三信ビルには格別の思い出がある。社会人となって初めて出社したのがこのビルであったからだ。昭和4年竣工という、アールデコ調の重厚なビルは、トイレの造りまで素敵だった。勤務先は忘れもしない、2階の216号室。すでに本社は別の場所に置かれていたが、三信ビルが創業の地であったことから、ここの一室をあえて残しているとのことだった。その部署は会社の黄金時代を支えた猛者たちの集まりであったにもかかわらず、右も左も分からない若僧に対してなんと優しかったことか。歳を重ねた今、それは一層身に沁みる。ビル取り壊しの寸前、最後まで営業していた1階のレストラン「ニューワールドサービス」のベテラン店員のお姉さま方も皆いい人で、お世話になった。三信ビルが失われてしまったことは、解体から10年近く経った今でも本当に残念でならない。感傷的な気分になりながら、目の前の日比谷公園へ。キャンディーズが解散宣言をした野外音楽堂や、数多のリサイタルが催されてきた日比谷公会堂の周りを少し歩いた後、帝国ホテルのラウンジでちょっと贅沢なコーヒーを飲んで思い出に浸った。（平成26年8月）

昭和の映画のロケで欠かせない
日比谷公園の噴水前

昭和4年に開館した
日比谷公会堂

『有楽町0番地』
フランク永井
（昭和33年）

松竹映画の同名主題歌。『有楽町で逢いましょう』と同じ佐伯孝夫＝吉田正コンビによる作品。イラストに描かれているのは、旧朝日新聞社と西銀座デパート。

『有楽町で逢いましょう』
フランク永井
（昭和32年）

フランク永井を一躍スターにした大ヒット。そごうデパート開店のキャッチフレーズが歌になり、小説や映画化もされた、メディア・ミックスのハシリだった。

『日劇讃歌』
西川三知代&ザ・ヤング・ラバーズ
（昭和50年）

様々なショウが開催されていた日劇こと日本劇場讃歌。往時の華やかな様子は和田誠の名著「ビギン・ザ・ビギン」に詳しい。岩谷時子作詞、広瀬健次郎作曲。

『有楽町で逢いましょう』
黒沢 明とロス・プリモス
（昭和45年）

表題曲のほか、吉田メロディーを多数カバーしたビクター時代のアルバム。マヒナ・スターズも極めて初期にシングル発売しており、ムード・コーラスにもぴったり。

『ふたりの有楽町』
平尾昌晃&水谷ジュン
（昭和59年）

マリオン完成記念の新しい有楽町ソングを平尾先生自ら歌う。デュエットの相手、水谷ジュンは福岡生まれのお嬢さん。ミュージックスクールの生徒さんだろう。

『Voice Voice Voice』
V.A.
（昭和54年）

第一次声優ブームの際、日劇で開催された声優フェスティバルのライブ盤。正にオールスター。この翌々年、娯楽の殿堂・日劇は惜しまれつつ閉鎖することになる。

『恋はそよ風』
いしだあゆみ
（昭和44年）

『涙の中を歩いてる』のカップリング曲。クレージー・キャッツの映画「大爆発」の中で、日比谷映画街を練り歩いて歌うシーンは秀逸。小林麻美もカバーした。

『夜霧のインペリアル・ロード』
黒沢 明とロス・プリモス
（昭和44年）

クラウンからビクターへ移籍した年に出された夜のムード歌謡。帝国ホテルへと至る日比谷映画街の道が舞台である。昔のビルは根こそぎなくなってしまった。

『或る日突然』
トワ・エ・モワ
（昭和44年）

山室（現・白鳥）英美子と芥川澄夫によるデビュー・ヒット。元スクールメイツの山室が出演していたコリドー街「メイツ」（現・ケネディハウス）の裏手にて撮影。

『すみれの花咲く頃』
宝塚すみれコーラス
（昭和47年）

接収時代のアーニー・パイル劇場こと、昔の東京宝塚劇場は風情ある建物であった。宝塚といえばこの歌。おなじみのメロディを宮川泰がアレンジしたシングル。

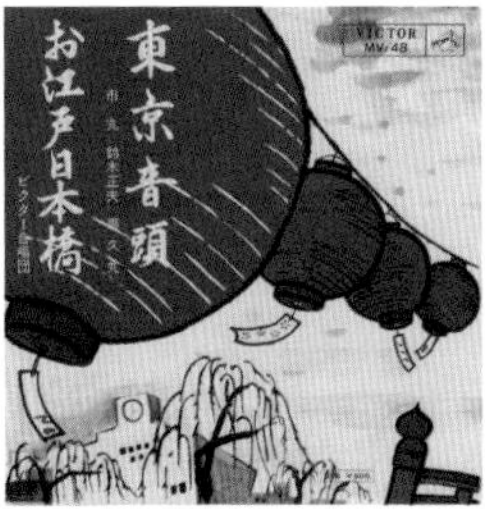

『東京音頭』
市丸、鈴木正夫、喜久丸
（昭和33年）

元は昭和7年に「丸の内音頭」として誕生した定番曲。毎年夏に日比谷公園で大盆踊り大会が開催されている。7インチ時代を迎えての市丸らによる吹き込み盤。

『涙のラブレター』
久保内成幸とロマネスク・セブン
（昭和43年）

日比谷公園はロケ地のメッカ。殊に野外音楽堂と大噴水は数々の映画やドラマに登場する。噴水前で植木等が『無責任一代男』を歌うのは「日本一の色男」だった。

東京レコード散歩
その
3
ROPPONGI

六本木

六本木は銀座とはまた別の意味で、若い頃の自分にとって敷居が高く、新宿や渋谷に出かけるのとは違って少々の気概を要する街だった。外国人が多く、遊び慣れた人種がたむろしている印象で、いたいけな学生にはなかなかに近寄り難かったのだ。そのイメージが薄れ、わりと気軽に六本木へ行けるきっかけを作ってくれたのが、昭和58年、大型レコード店「WAVE」の開店である。外観のカッコよさや売り場の充実ぶりなど、従来のレコード店の概念を打ち破る斬新さがあり、ここで買物をすること自体にステイタスのようなものを感じさせた。発足時のディスクポート西武から発展したもので、セゾン文化華やかなりし頃の象徴のひとつといえるだろう。しかし、他の街と同様、六本木も変貌を遂げ、防衛庁はミッドタウンに、WAVEがあった場所は今は六本木ヒルズの一角となっている。あの頃の思い出話ができる相手も、そしてもちろん自分もすっかりオジサンになってしまったのはチト哀しいが仕方ない。

昔から六本木での待ち合わせ場所は交差点のアマンド前と相場が決まっている。今回も初心に戻ってアマンド前からスタート。地下の老舗イタリアン「シシリア」は新装されて、昔の壁の落書きに囲まれた独特な趣はなくなったものの、健在なのが嬉しい。まずは六本木通りと交差する外苑東通りを飯倉方面へと向かう。この一帯は平成19年に公開されたホイチョイ・ムービー「バブルへGO!! タ

昭和58年に開店したWAVE。
平成12年撮影

イムマシンはドラム式」で、'90年代初頭のバブル時代の光景がCGとセットで鮮やかに活写されていた。中でも、ステーキハウス「瀬里奈」へ至る路地の角にあったパン屋さん「DONQ（ドンク）」の忠実なセットには感心することしきり。そういえばハンバーガーショップの森永ラブもあったなぁなどと思い出す。映画にはスクエアビルのテナントがディスコで埋め尽くされていた頃も再現されており、「マジック」「ネペンタ」「キサナドゥ」などといった店がひしめき合っていた賑やかな時代が追体験できて楽しい。コロムビア創立100周年記念歌手・伊藤美裕は、この映画を見て実際に経験していない世界のイメージを頭に描いて、デビュー曲**『六本木星屑』**のレコーディングに臨んだという。バブル時代の熱気を彷彿させる佳曲なので、未聴の方はぜひ聴いてみてほしい。

ここではもっと昔、野獣会が存在していた頃の六本木を追い求めて、通りの正面にそびえる東京タワーへ向かって進む。ロアビルの先、向かいの角にあったハンバーガーインは東京のハンバーガーショップの草分けだったが、だいぶ前に閉店して久しい。飯倉片町の交差点を渡ると住所は麻布台となり、憧れのレストラン「キャンティ」が現れる。ここはかつて文化の発信地として、政財界人や文化人、芸能人が多く訪れたことで知られる老舗イタリアン。初代オーナーの川添浩史は皇族の秘書官を務め、パリに長く在住するなど国際文化交流

今も昔も六本木の待ち合わせ場所といえばアマンド。ケーキの味も変わらない

昭和35年創業の老舗イタリアン、キャンティ

に携わったことから、妻の梶子とともにカフェ・ソサエティとしてのキャンティを創業したのであった。芸能事務所の嚆矢《こうし》・渡辺プロダクションとの関係も深く、併設されていたブティック「ベビードール」のデザイナーでもあった梶子夫人はザ・タイガースの衣装を誂《あつら》えていた。その梶子夫人に殊のほか可愛がられたのが荒井由実である。浩史の息子の音楽プロデューサー・川添象郎が、作曲家・村井邦彦とともにアルファレコードを立ち上げ、ユーミンやYMOらのプロデュースを手がけたのも有名な話。キャンティには、その後のバブル期にも著名人が多く集った。興味がある向きには林真理子の小説「アッコちゃんの時代」をお薦めしたい。「バブルへGO!!〜」を監督した馬場康夫が興味深い解説文を寄せている文庫版でぜひ。

その先には、青い看板が目立つライブハウス「ブルーシャトウ」がある。ブルコメのかつてのメンバーの方が経営されているそうだが、前を通るたびに気になりつつも未だ入ったことがなく、いつかは訪れたいと思っている。さらに進み、麻布郵便局の向かいに以前からあるカラオケ店「フェスタ」(※)は、コスプレカラオケが売りながらちゃんと食事もできる店で、何度か行ったことがある。ここはかつて、「狸穴(まみあな)そば」という老舗のそば店があった場所。店の前に「狸穴坂」の道標があるように、旧地名を麻布狸穴町といっ

※先日通りかかったらいつの間にかフィットネスジムに変わっていた。場所柄カラオケでは採算がとれなかったのかも

ロアビル(右)の奥にそびえる
東京タワー

た。狸穴そばの由緒ある佇まいは、昭和45年の映画「ブラボー！若大将」で見ることができる。若大将の実家であるすき焼き店「田能久」の外観として使われているので、DVDなどでご確認あれ。狸穴というなんとも粋な地名は、ムードコーラスの名歌**『別れても好きな人』**にも歌われている。が、昭和50年に出されたロス・インディオスのカバー盤では2番で登場する〝狸穴〟が、シルヴィアが加わって大ヒットした昭和54年の再録音盤では〝高輪〟に差し替えられてしまったのは残念。東京タワーの灯りを見ながら歩きたい街はやはり狸穴だろう。なお、この歌を最初に歌ったのは**『ケメ子の歌』**のアンサーソング**『私がケメ子よ』**でデビューした東芝の女性歌手・松平ケメ子で、同じ昭和44年の内に**『小さなスナック』**で知られるGSバンド、パープル・シャドウズが続けてシングル・リリースするも、一般的に知られる歌となるまでにはずいぶんな時間を要した。正に10年越しのヒット曲となったわけである。

　飯倉交差点の手前まで行った後、来た道を戻って、再び六本木の交差点へ帰り着く。その一角にあった誠志堂書店はよく待ち合わせに使っていたが、10年ほど前に惜しくも閉店してしまった。今では待ち合わせはもっぱら駅真上のあおい書店(※)が多い。すぐそばにはABCこと青山ブックセンターの六本木店もあり、六本木の書店事情はなかなかに充実している。ただ、TSUTAYA以

※その後、あおい書店はブックファーストに。青山ブックセンターも閉店し、現在はブック&カフェ「文喫」になっている

『別れても好きな人』のオリジナルの歌詞に出てくる〝狸穴〟

外にCDショップがないのはあまりにも残念。ましてや中古レコード店などは望むべくもない。以前駅の近くにあった古本屋もいつの間にか姿を消してしまい淋しい限りだ。ところで、最近になって、以前の明治屋が誠志堂書店の向かい、俳優座の並びの角にあったことを、昭和38年の東宝映画「六本木の夜 愛して愛して」を観て初めて知った。映画には、鶏煮込みそばで有名な香妃園の旧店舗の外観も出てくる。東京オリンピックを間近に控えて絶賛工事中の街の様子が映し出された、貴重なフィルムである。原作は笹沢左保の「六本木心中」で、先行してテレビドラマもあったらしい。映画は中川ゆきと峰岸徹（当時は峰健二）の主演だったが、テレビ版の配役を知りたい。

外苑東通りをミッドタウン方面へ歩くと、左側に平成25年いっぱいで閉館したホテルアイビス六本木、さらに進み、かつてヴェルファーレがあった路地を過ぎた先の舗道沿いに、箱型のダイナーがしばらくの間営業していた時期がある。その店は昭和59年から放映された深夜ドラマ「トライアングル・ブルー」に出てきた仲間たちの根城で、店名もそのままにしばらくの間実際に営業していた。今でもこの辺りを歩くと、エンディング・テーマに使われてヒットしたアン・ルイス**『六本木心中』**のイントロが頭をよぎる。80年代中頃のテレ朝の深夜枠は熱かった。オナッターズを生んだ「グッドモーニング」に、怪物ラン

深夜ドラマ「トライアングル・ブルー」に出てきたバーがあった辺り

ドの「ウソップランド」など日替わりでバラエティー番組を放映しており、その中で現在唯一の生き残りが「タモリ倶楽部」である。当時、今も変わらず同番組のテーマ曲として使われているロイヤル・ティーンズの**『ショート・ショーツ』**の音源が欲しくてWAVEで探したが見つけられず、結局こういったジャンルに強いオンステージヤマノで買ったのだった。「トライアングル・ブルー」は、やんちゃだった頃のとんねるずの勢いもさることながら、川上麻衣子と可愛かずみのヒロインの魅力に尽きる。可愛かずみ派だった私は、彼女が主演した「セーラー服色情飼育」というにっかつ映画を観たいがために劇場へ足を運んだことを思い出す。昔のヴェルファーレがあった通りを折れて裏道を斜めに進み、明治屋の裏から六本木通りに抜けると、ちょうどかつてのWAVEの向かい辺りに出る。そのまま進んで西麻布の交差点を目指す。

最近オープンしたEXシアターの前を通り、坂を下ってゆくと、地下に新世界というライブハウスが入っている年季の入ったビルがあり、その壁面に掲げられている「三保谷硝子店」の看板がいい味を出している。隣の「綿工連会館」の看板もそれに対抗する感じでなかなかの趣。共に完全に昭和が遺された一画で、どちらも忽然と消え去ってしまうのは時間の問題であろう（硝子店の看板はその後まもなく撤去）。映画「キル・ビルVOL.1」のモデルになったという

平成25年にオープンしたEXシアター。右の奥に見える
六本木ヒルズノースタワーは、昔は日産ビルとして親しまれていた

ダイニング「権八」が見えると谷間の街、西麻布の交差点。この辺りまでがギリギリの六本木エリアになるだろう。昔は霞町と呼ばれていたことを知っているのはせいぜい自分らの世代までであろうか。ここいらを舞台にした小説では、浅田次郎の「霞町物語」という短編が読後感抜群の逸品なのでお薦めする次第。

さて、西麻布といえば、とんねるずの**『雨の西麻布』**が思い浮かぶ。昭和60年、「夕やけニャンニャン」が始まった年で、秋元康が作詞家兼プロデューサーとして才能を露わにしはじめた頃のヒット曲。西麻布界隈は駅から少し離れていることもあってか、業界人御用達の遊び場として賑わった。同じような立地で、世田谷の三宿も業界人の溜り場だった時期がある。カフェバーや、ビリヤード台を置いたプールバーが都市部に蔓延《はびこ》っていた頃。カフェバーのハシリは西麻布「レッドシューズ」といわれる。そういった時代に作られた『雨の西麻布』には、流行りの符号はあえて使われず、パロディソングでありながらも普遍性を持たせようとした秋元の慧眼が窺える。今こそ誰か、男女デュエットでカバーすれば良いのに。この日は昼間の散歩だったが、後日改めて深い時間に訪れると、西麻布交差点の光景は昔とさほど変わらず、『雨の西麻布』がリリースされた翌月に開店した角のホブソンズも、30年の時を経てしっかり営業していた。あの頃のような行列はできていなかったけれども。(平成26年9月)

『雨の西麻布』で歌われている
現場は西麻布交差点辺りか

『六本木の夜』
平尾昌章
（昭和37年）

東京オリンピック以前の夜の六本木を舞台にした平尾先生の甘い歌。佐伯孝夫の詞がロマンティックだ。まだ交差点が首都高で覆われていなかった佳き時代。

『哀愁の六本木』
井上宗孝とシャープ・ファイヴ
（昭和43年）

橋本淳＝筒美京平コンビによるGS期の一曲。写真のテラス席は今のロアビルの裏辺り？ もう一枚の写真は「レストランアザブ」の看板が。教えて！ 昔の遊び人。

『六本木の雨の中で』
ヴィレッジ・シンガーズ
（昭和45年）

ムードコーラス化していた後期ヴィレッジの一枚。鈴木淳が作曲を手がけている。六本木通りの地下鉄出口前にての撮影とおぼしい。明治屋の辺りだろうか。

『帰っちゃおうかな』
小椋 佳
（昭和47年）

NET（現・テレビ朝日）で放映されたドラマ『泣きべそ・ほゝえみ・六本木』の主題歌。酒井和歌子や沖雅也が出演していたらしい。アマンドのテントが懐かしい。

『午前1時のスケッチ』
カルメン・マキ&OZ
（昭和49年）

終電が終わった後、真夜中の退廃的な空気感はどの街も同じこと。写真はかつての誠志堂の前辺り。後方にオレンジ色のマイアミの看板、ロアビルも見える。

『六本木あたり』
あい&AKI
（昭和56年）

みずきあいと俳優・清水昭博のコンビ。2年後には男性がチェンジし、あい&優で再レコーディングされて密かなスタンダードソングに。アマンドが3回も登場。

『六本木ララバイ』
内藤やす子
（昭和59年）

数ある六本木ソングでも一、二を争う名バラードは、エド山口の作。耳心地のよい内藤のハスキーボイスとのマッチングも見事だ。ジャケットは2種類存在する。

『六本木のベンちゃん』
ザ・ナンバーワン・バンド
（昭和57年）

名DJ・小林克也率いるアバンギャルドなバンドには、桑田佳祐も参加。嘉門雄三名義で作詞・作曲・編曲を担当。歌詞に出てくるゴトウ花店はもちろん健在なり。

『雨の西麻布』
とんねるず
（昭和60年）

美空ひばり『川の流れのように』を手がけたコンビによるバブル前夜のムード歌謡。最後にちゃんとオチがある。内山田洋とクール・ファイブのコーラスが贅沢。

『六本木心中』
アン・ルイス
（昭和59年）

深夜ドラマと連動してロング・ヒットに。この次の『あゝ無情』のカップリングは「トライアングル・ブルー」だった。「アルキメンデス」のCMはこの頃か。

『六本木星屑』
伊藤美裕
（平成23年）

コロムビアの創立100周年記念歌手のデビューシングル。作詞・吉元由美、作曲・川口真で80年代バブル時代を再現。〝星屑〟と書いて〝スターダスト〟と読む。

『ホテル六本木』
桂木佐和
（昭和60年）

なぜかこの頃は六本木を題材にした歌が多かった。ホテル六本木は六本木トンネルのそばに実在するホテル。なかにし先生は愛用していたの? とにかく傑作。

東京レコード散歩

その4

AKASAKA

赤坂

赤坂は六本木と同様にJRの駅がないメトロの街。丸ノ内線沿線に生まれ育った自分にとっては、千代田線の赤坂駅よりも赤坂見附の方がなじみ深い。この日も同行のT氏とは見附の駅上のベルビー赤坂で待ち合わせた。以前、横断歩道を渡った目の前、赤坂東急ホテルの1階にレコード屋さんがあり、CDの時代になってもしばらく営業していた。今から10年ほど前に赤坂東急ホテルが赤坂エクセルホテル東急にリニューアルされたというから、その頃までだったかもしれない。そういえば、作曲家の村井邦彦さんもその昔、まだアルファレコードを起こす前に赤坂で「ドレミ商会」というレコード店を経営されていたそうだが、場所はどの辺りだったのだろうか。

だいぶ様変わりした東急プラザを横目に見つつ外堀通りを溜池方面へ歩くと、かつてのホテルニュージャパンがあった場所はすぐ。例の火災の後にホテルが閉鎖されてからも、十数年にもわたって建物がそのままで見る度に痛々しかったが、今はプルデンシャルタワーと呼ばれる高層ビルが聳《そび》えている。かつてはニュージャパンの地下に伝説のナイトクラブ「ニューラテンクォーター」があったのだ。力道山が刺された場所として有名になってしまったが、選ばれた大人の夜の社交場、一度は訪ねてみたかった。日本のスターをはじめ、多くの海外アーティストもライブを行った聖地として知られており、同地でのナッ

246号線と405号線が交差したその上を首都高が走るという、いかにも都会的なシチュエーション

ト・キング・コールやヘレン・メリルのライブ音源は最近になってまとめられたCDで聴くことができる。さらに当時の詳しい話を知りたい向きは元オーナーの山本信太郎氏や、元営業部長の諸岡寛司氏が著された書を読むべし。昭和のナイトクラブは華やかで贅沢な空間だった。

さらに進むと見えてくる山王日枝神社も外国人アーティストと縁がある。来日の際ここで撮った写真がジャケットに使われたのがベンチャーズ。この日も参拝を兼ねて、彼らが記念撮影した祠の前でシャッターを切った。境内から降りてくる階段もジャケ使用頻度の高いポイントである。ザ・ワイルド・ワンズのセカンド・アルバムのジャケットに写っているのもたぶんここだろう。ワイルド・ワンズといえば加山雄三、加山雄三といえば昭和41年にビートルズが来日した際の奇跡の会談。というわけで、そのとき彼らが宿泊したのが、神社と隣接していた旧東京ヒルトンホテルである。ちょうど同じ頃、日本でロケが敢行された「007は二度死ぬ」の撮影時にショーン・コネリーが宿泊したのも東京ヒルトンであったという。その後、同じ建物のままキャピトル東急となり、今では建て替えられた巨大なビルキャピトルタワーの中にザ・キャピトルホテル東急として営業再開しているが、すっかり現代風になって往時の面影はない。同行のT氏は以前の建物が閉館する直前、ビートルズが泊まったプレジ

多くのジャケット写真や取材撮影が
行われた山王日枝神社

デンシャルスイートの1005号室に入ったという、実にうらやましい話を聞かせてくれた。加山雄三がその部屋を訪ねて、彼らと一緒にすき焼きを食したときの記念写真は、昭和の芸能史に残る大スクープだったと思う。そのとき、できあがったばかりの自分のアルバムを加山はビートルズに聴かせている。それは**『お嫁においで』**などが収められた**『ハワイの休日』**というアルバムであった。加山もビートルズも同じ東芝レコードの歌手だったのだ。

ホテルの目の前、溜池交差点の手前には東芝音楽工業の社屋があった。後の東芝EMI時代には大きなビルが建てられたその場所、ずっと昔はダンスホール「フロリダ」だったという。ロビーに掲げられていた越路吹雪の大きなパネルを見たユーミンが、いつか自分もという思いを密かに抱いたことを、平成25年に岩谷時子賞を受賞した席で披露していた。いい話である。ビートルズもベンチャーズも加山雄三もワイルド・ワンズも、さらにはクレージー・キャッツに坂本九、黛ジュン、奥村チヨに岡崎友紀……皆かつては東芝レコードに所属していた。レコードを集めてきた自分にとって、魅力ある歌手がひしめく東芝レーベルには特に思い入れが強かっただけに、先頃ついに東芝EMIという会社がなくなってしまったのは本当に淋しい。それでなくても今回歩いた一帯は、神社を除いてすべて〇〇跡で、昔あった建物が失われてしまったところば

ビートルズが宿泊したキャピトル東急。平成18年撮影

60年代の赤坂を象徴するホテルニュージャパン、ポストカード（著者所蔵）

かりであった。赤坂プリンスホテルもまた然り。ブルー・コメッツの**『銀色の波』**など、レコードジャケットの撮影にもしばしば使われた旧館は特に素晴らしい建築であった。ホテルオークラ本館の取り壊しにしてもそうだが、開業から50年を数えるホテル群の老朽化は仕方なかろうと思いつつも、由緒ある建造物が次々と消えてゆくのは実に忍びない。昭和39年の東京オリンピックに合わせて建てられ、56年ぶりに実現する再びの東京オリンピック（※）に備えての改築というのはなんとも皮肉な話である。高層ビルが一段と増え、物々しい警備ばかりが横行する街の現状にいささか閉口しながら、昭和の面影を残す物件を求めて、赤坂の街をもう少し彷徨ってみることにした。

溜池の交差点を渡り、外堀通りを山王下まで戻る。さらに見附方面に歩くと、昔よく行った「アンナミラーズ」があった場所。ウエイトレスの制服がかわいいと評判で、後のメイド喫茶などのハシリともいえそう。今回はその手前、山王下の交差点を左折してTBS方面へ。道を一本入ったところには、かつてレストランシアターの「ミカド」があった。建物の正面には〝世界の社交場〟の文字が誇らしげに掲げられ、フランク・シナトラが昭和37年に初来日した際、最初にライブを行ったことでも知られる高級店である。ちなみにチケット代は5000円だったという。当時の5000円といえばかなりの高額だか

※2020年に開催されるはずだった東京オリンピックは2021年に延期が予定されている

ら、ここでステージを見ることができたのは一部の富裕層や人気スターなど、ごく限られた客だけだっただろう。しかしそれももはや夢の跡。現在建っているプラザミカドビルの名称にその名残があるのみ。自分はもちろん行ったことはないものの、外堀通り沿いに掲げられていた巨大なネオン看板は憶えている。なにしろ、シナトラが天国へ旅立ってからも早や十数年が経つのだ。遠い昔に思いを馳せ、しばらくビルの前に佇んだ。他にも有名な「コパ・カバーナ」や「月世界」など、赤坂はナイトクラブやキャバレーのメッカであった。その後のディスコ全盛時代の先陣を切ったのも赤坂と言われている。昭和43年にオープンしたというMUGENは正にその先駆けで、ウルフマンジャックもDJを務めた伝説の店。ゴーゴーガールが闊歩していた。さらに昭和46年オープンのBYBLOSは日本で初めて服装チェックを行った店ということで、芸能人や外国人モデルが毎夜訪れて華やかだったと聞く。また、かつては花街として栄えたこともあり、赤坂は圧倒的に夜の街というイメージが強い。

コージーコーナーのあるTBS前の交差点を右折して一ツ木通りに入る。以前TBS会館があった場所には、今は赤坂B・izタワーという大きなオフィスビルが建ち、テレビ局関係者で溢れていた向かいの喫茶店「アマンド」もすでにない。TBSの局舎もビッグハットに変貌を遂げて久しいが、同じ場所にあるだ

TBSの新社屋ビッグハットができたのは平成6年

多くの飲食店が立ち並ぶ赤坂。奥には昭和49年開業のホテルニューオータニの新館タワー（現在のガーデンタワー）

け良しとしなければ。考えてみると他の民放局の中枢機能は全て平成になってから違う場所へ引っ越してしまったわけで。しかし昔のＴＢＳの局内は本当に分かりづらくて迷路のようだった。不法侵入者への対処策だと聞いたこともあるが実際はどうだったのか。テレビ局がある街ならではの独特な活気は根っからのミーハー心が疼いて決して嫌いではない。この辺りが赤坂という街の中心であることは、この地を題材にした歌のほとんどに、通りの名が登場することからも明らか。同行のＴ氏と、「昔この通りに高級吉野家がありましたね」「和服姿の女店員がお盆に乗せた牛丼をしずしずと運んできて。並が６５０円」などと思い出を語らいながら歩く。あれはバブル景気の前後だった。

途中、かつてのコロムビア本社の裏手に続く道を左折。その角が以前ＣＤショップだったがやはり今はもう別の店に。渋味のある飲食店がぽつぽつと並ぶ通りを抜け、日本コロムビアの跡地に着く。今は大きなマンションが建ち、まったく違う風景になっていた。建物の横を廻り込み、かつてコロムビア坂だった通りへと出る。今は何坂と呼ばれているのだろう。コロムビア本社は業界の最老舗らしく風格ある建物で、ロビーにも歴史の重みが漂っていた。美空ひばりをはじめとする歴代のスターたちがレコーディングに使ったスタジオくらいはせめて遺すことはできなかったものかとつくづく思う。向かいに昔から

赤坂を舞台にした曲の歌詞に
出てくる〝一ツ木通り〟

建っているいい感じのマンションは今も健在で安心しつつ、そっとカメラを向けた。頑丈そうだからまだしばらくは大丈夫そうだ。会社や商業施設に比べると、住居にはまだ昭和の香りを遺した建物が多い。場所柄、一軒家よりはいわゆる高級マンションが目立ち、当時としては贅沢の限りを尽くしたであろう感満載の瀟洒な建物は見ているだけで優雅な気分になれる。

中でもとびきりの物件がまだあることを思い出し、界隈を歩くと、少し迷った挙句、目的の地に着くことができた。その名は赤坂リキマンション。そう、昭和の大スター・力道山が建てたマンションである。昭和35年にまずプール付きの瀟洒なリキアパートが建設され、3年後にリキマンションが建て増しされたという。力道山は最上階のワンフロアに居を構えたそうだが、移住して間もなく例の事件がきっかけで帰らぬ人となってしまったため、実際に過ごした期間は短かった。その後にはジャイアント馬場が住んだ時期もあったという。長い年月を経て若干のリノベーションは施されているのだろうが、周りの建物とは明らかに違うオーラが漂っており、力道山に思い入れがない自分でさえ、ちょっとときめいてしまった。まるで時が止まったかのような不思議な空気が流れている聖地。今回の散歩でようやくたどり着いた、当時のままの昭和遺産なのであった。（平成26年9月）

かつてコロムビア坂と呼ばれた坂

昭和38年に竣工されたリキマンション。Rが印象的

『ベンチャーズ・イン・ジャパン 第1集』ベンチャーズ
（昭和40年）

エレキ旋風を巻き起こしたインスト・バンドの日本でのライブ・アルバム。小雨そぼ降る中、日枝神社でポーズ。東芝アーティストの同地での撮影は度々見られる。

『今宵踊らん 第10集』
東芝オール・スターズ
（昭和36年）

洋邦の流行歌やスタンダードなどをアレンジしたダンス・ミュージックの定番シリーズの一枚。ニューラテンクォーターの前で女性をエスコートする紳士の姿。

『クラブがはねたら』島倉千代子、牧 秀夫とロス・フラミンゴス
（昭和41年）

ロス・フラミンゴスはニューラテンクォーターの専属だったラテン・バンド。『ウナ・セラ・ディ東京』の競作などレコードも多い。現在も活動を続けているそうだ。

『赤坂の夜は更けて』
西田佐知子
（昭和40年）

赤坂の歌といえばこの曲が筆頭に挙げられる。TBSの社員だった鈴木道明の作。島倉千代子らとの競作となる中、西田盤がいちばん売れて紅白でも歌われた。

『コモエスタ赤坂』
マハロ・エコーズ、矢野ゆう子
（昭和43年）

ロス・インディオスとの競作盤。東芝に移籍したマヒナ・スターズの残留メンバーで結成された新グループの第一弾だった。マヒナ同様に女性歌手をフィーチャー。

『コモエスタ赤坂』
ロス・インディオス
（昭和43年）

ホテル高輪のラウンジで歌っていたというロス・インディオス。〝コモエスタ〟はスペイン語で〝ご機嫌いかが〟、〝デルコラソン〟は〝心〟を意味するそう。

『ここは赤坂』
島 和彦
（昭和43年）

昭和41年に『雨の夜あなたは帰る』をヒットさせて紅白にも出場。ルックスはモデルの如し。後ろの女性たちは3人並んで信号色となる意図的な配置なのか？

『雨の赤坂』
ジャッキー吉川とブルー・コメッツ
（昭和43年）

ブルコメが歌謡曲に転向しての第2弾。筒美京平が編曲を手がけたムード歌謡の佳曲。写真の場所は特定できなかったが、旧東京ヒルトンホテルの裏手辺りか。

『雨の一ツ木通り』
竹越ひろ子
（昭和44年）

赤坂を舞台とした歌謡曲には必ずといっていいほど頻繁に登場する一ツ木通りがついにタイトルに。『東京流れもの』をヒットさせた実力派歌手・竹越が切々と歌う。

『夜更けの赤坂』
克美しげる
（昭和43年）

克美の兄貴も赤坂の夜を歌う。大型キャバレーのロイヤル赤坂やミカドのネオンがあしらわれた秀逸なジャケット。ナイトクラブとムード歌謡は切り離せない。

『赤坂ラブ・ストーリー』
長谷二郎
（昭和52年）

赤坂歌謡ではおそらく最もハジケているであろう、井上忠夫の作曲による青春ソング。恋人にカップルとルビを振る山口洋子の先取りセンス。二郎さんは今何を？

『赤坂恋人形』
チャロ&サミーズ
（昭和45年）

メキシコ人（?）のチャロを中心としたムードコーラス・トリオ。あとの二人は日本人らしい。珍しく〝赤坂見附〟が歌われているB面の『赤坂午後6時』も名曲。

東京レコード散歩
その
5
AOYAMA

青山

青山といえば思い出すのが、絵画館に連なる銀杏並木の通りで毎年開催されていた東京バザールというお祭りである。父方の祖父母が近くに住んでいたこともあり、幼い頃からよく連れて行ってもらっていた。最も古い記憶は父に大阪万博のメダルを買ってもらったことだから、昭和45年だったろう。後に薬師丸ひろ子が東京バザールでスカウトされたことがあると話しているのを聞いて、同い年のファンとしては妙に嬉しかった。絵画館前では'80年代にフジテレビが〝ふり〜ばる〟というイベントを開いていたのも懐かしい。アルバイトで中継番組のADを務め、真夏の炎天下、毎日ヘトヘトになるまでこき使われた。ゲストで覚えているのは、デビューしたばかりの松本明子や原真祐美といったアイドルたち。つらい一週間の中で、同世代のアシスタントの女のコたちとの接触が唯一の心のオアシスだった。キョンキョン似で可愛かったHちゃんは元気だろうか。最寄りの青山一丁目駅は、現在では駅の真上のビルにワーナーミュージック、すぐ近くにユニバーサルミュージックと、外資系の二大メーカーが本社を構えており（※）、音楽関係者が多い。

赤坂から青山通り（＝国道246号）を渋谷方面へ向かい、青山一丁目を通過、さらに絵画館前通りを右に見つつ進めば外苑前駅はすぐ。今回の散歩はここを起点とした。まずは246から神宮球場へと向かうスタジアム通りに入る。し

※その後、ワーナーは六本木一丁目、ユニバーサルは原宿へそれぞれ移転している

フリッパーズ・ギター「フレンズ・アゲイン」のPVでおなじみの絵画館

ばらくすると右手に見えてくるガラス張りの建物が、かつて東京ボウリングセンターがあったところ。隣接する神宮球場の手前に、〝近代ボウリング発祥の地〟のモニュメントがある。センターがオープンしたのが昭和27年だったというから、その歴史はなかなかのもの。自分が知る限りでボウリング絡みの最も古い歌謡曲に、大津美子の**『ボウリングセンター』**がある。タイトルからしておそらくここが歌われたものだろう。昭和37年リリースの10吋アルバム**『女の風景』**に収められていた曲で、哀愁そそるバラードだった。元気な青春ソングでは、少し後、東京オリンピックの年に出された仲浩二の**『東京ボーリングデイト／レッツゴーボーリング』**があって、特に明るいB面がオススメ。いつの日か実現させたいボウリング・ソング・コンピレーション・アルバムの冒頭を飾るに相応しいナンバーだ。昭和46年前後の第2次ブーム時には都内のあちこちにボウリング場があった。今はだいぶ数が減ってしまったが、どこも昭和の残り香があって、好きな場所である。高度成長期の日本映画にはボウリングをするシーンが頻繁に見られる。テレビ番組では、スポ根ブーム下に作られた「美しきチャレンジャー」（TBS系）が忘れられない。後に実際にボウリング場へ行くようになってから、スプリットを出す度にこのドラマのかなり無理がある魔球のことを思い出した。主演の新藤恵美は子供心にもかなりの美人と思っ

正式名称は明治神宮野球場。大正15年開場、築90年を超えていることから立て替え計画も

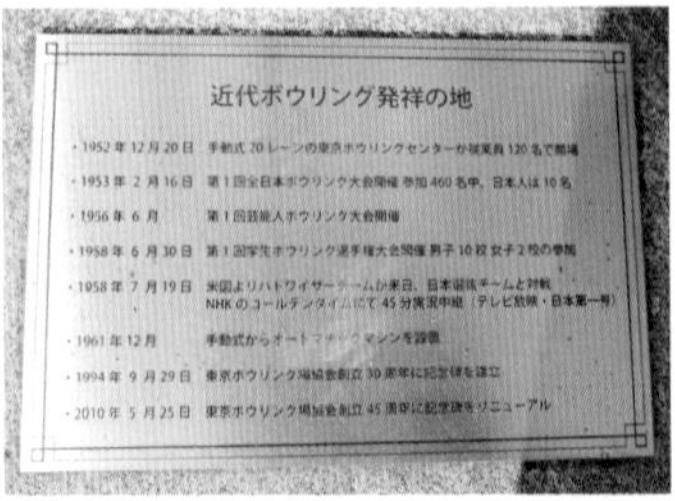

〝近代ボウリング発祥の地〟のモニュメント

たが（当時22歳だったとのこと）、なんだか近寄りがたい感じのお姉さんだった。

　すぐ隣は神宮球場の正面口になる。後楽園とは違った、あまり派手でない佇まいが良い。昔から愛すべきスタジアムへはつい最近、乃木坂46のコンサートを観に行ったばかりだが、やはり野球場であるからにして、ヤクルト対巨人戦か六大学野球で訪ねるのが望ましいところだ。ここの回廊は少なからずジャケットの撮影に使われてきたと記憶するが、具体例が思い出せない。どなたかご教示ください。近い将来その役目を終えるという（平成27年3月いっぱいで閉館）日本青年館まで足を延ばす（※）。自分もここでいろんなコンサートを観た。最も古いのは小柳ルミ子だったか。最近では清水ミチコ。調べてみたら、松田聖子のファースト・コンサートもここで行われたそうである。VTRは残っていないのだろうか。もうすぐ失われてしまう建物を撮影してから、神宮周辺を歩く。秋の入口で暑くもなく寒くもない気候。散歩日和で気持ちがいい。仙寿院の交差点、ビクタースタジオの前を左折して、コシノジュンコが命名したというキラー通り（＝外苑西通り）経由で再び246に戻る。交差点名は〝南青山三丁目〟で、細川俊之にそのままのタイトルのレコードがある。この辺りで昔からあるのは、青山ベルコモンズとピーコックだが、ベルコモンズは平成26年3月に閉館し、38年の歴史に幕を下ろした。交差点の角、現在は家

※新しい青年館ホールはすぐ近くへ場所を移して平成29年夏にグランドオープンした

昭和44年に設立されたビクタースタジオ。サザンをはじめ多くのアーティストが使用してきた

具と雑貨を扱うフランフランとなっている場所は、80年代中頃はアイスクリームのハーゲンダッツで、西麻布のホブソンズとともに行列で有名な店だった。三田明が**『タートル・ルックのいかす奴』**で〝青山通り地下の店〟と歌ったのも、場所は特定できないがきっとこの辺りに違いない。交差点を越えてそのまま外苑西通りを進むと西麻布へ行きつくが、その途中、青山墓地の手前にあった深夜営業のレストラン「SARA」も閉店して久しい。無国籍料理の発祥といわれる店は、ファミレスができる以前から24時間営業を敢行し、夜中にちゃんと食事ができた。まだファミレスなどなかった時代には珍しい店だったそうだ。その頃の深夜族に当時の話を聴きたい。

さて、246を渋谷方面に進むと、右手にブルックスブラザーズが見えてくる。同地にはかつて「青山ユアーズ」という、当時はまだ珍しかった輸入食品専門のスーパーがあり、入口にハリウッドのチャイニーズシアターよろしく、いろんなスターの手形が飾られていたのが名物だった。子どもの頃、店の前でアントニオ猪木に握手してもらったことがある。店内で倍賞美津子が買物しているのを車の中で待っていたタイミングを見計らったのだ。親に行ってこいと促されて恐る恐る近づくと、優しく手を差し伸べてくれ、さすがにいたいけな子どもにビンタはなかった。というか当時はファンに対するそのパフォーマン

Photo_Rs1421
昭和51年開業のベルコモンズ。平成26年に閉館

平成27年3月で閉館した日本青年館。多くのアイドルがデビュー・コンサートを行った

スはまだ確立されていなかった頃。いつも親と一緒に訪れたこの店では、菓子やアイスクリームを買ってもらうのが楽しみで、中でもナポリアイスクリームが販売していた「ピコ」というアイスが大好きだった。いわゆるコーン型のアイスは、こんもりと盛られた丸いバニラ部分がチョコレートでコーティングされ、頂上にナッツが散りばめられて美味しかった。残念ながら今はもう作られていない。最後に見かけたのは昭和の終わり頃だったろうか。ナポリアイスクリームは昭和28年、開館2年目の東京ボウリングセンター内に、イタリア人の夫妻によって創立され、昭和40年からソフトクリームの販売を開始したというから、正に先駆け。日本のアイスクリーム史における重要な会社なのだ。ユアーズには他の店では手に入らなそうな魅力的な食品で溢れていた。店内の様子は加山雄三主演の映画「海の若大将」（昭和40年）のロケシーンで、その洒落た外観と併せてバッチリ見ることができるのでぜひチェックしていただきたい。美しい星由里子がレジ打ちをしている姿も見られます。映画にも登場する表参道の交差点をそのまま直進すると左手に青山学院大学のキャンパスが見えてきて、そろそろ渋谷エリアへと近づく。その手前の骨董通りを左折し、伝説の輸入レコード店「パイド・パイパー・ハウス」の痕跡を確認しに行くことにした。（平成26年11月）

246沿いにあった輸入食品専門店
「青山ユアーズ」跡。映画「海の若大将」で使用

『夜霧の青山通り』
南 弘子
（昭和42年）

桜井浩子、中川ゆきとともに〝東宝スリーチャッピーズ〟として売り出されたひとり。オリンピックを機に拡張された青山通りの外苑前辺りは夜霧の風景が似合う。

『東京ボーリングデイト』
仲 浩二
（昭和39年）

山上路夫の詞が瑞々しい、東京五輪の年の青春ソング。レジャー・ブーム最中の日本は未来への希望に満ちていた。芸名はビクターの先輩・鶴田浩二にあやかって。

『雪子』
フランク永井
（昭和44年）

昭和44年8月に完成したビクター青山スタジオでの第1回吹込み作品。吉田メロディーをビクターの看板スター・フランク永井が歌う。東郷青児の美人画が麗しい。

『タートル・ルックのいかす奴』
三田 明
（昭和44年）

『アイビー東京』と双璧を成すモード歌謡はルート246が舞台となっている。青山通りのスナックタウンは若者たちが集まるイカしたナイトスポットであった。

『雨の青山通り』
林 美枝子
（昭和47年）

林春生＝筒美京平のコンビによる隠れた佳曲。ジャケットの写真は昼間だが、詞の背景はにわか雨に濡れる夜の青山通りを渋谷に向かって。恋？ それとも遊びなの？

『忘れるさ忘れるさ』
エル・ソタノ
（昭和44年）

完成したばかりのスタジオをバックに。竜崎孝路が在籍したグループで、彼らが出演していた赤坂のクラブの名が付けられた。詞・曲の水木順子は荒木一郎の変名。

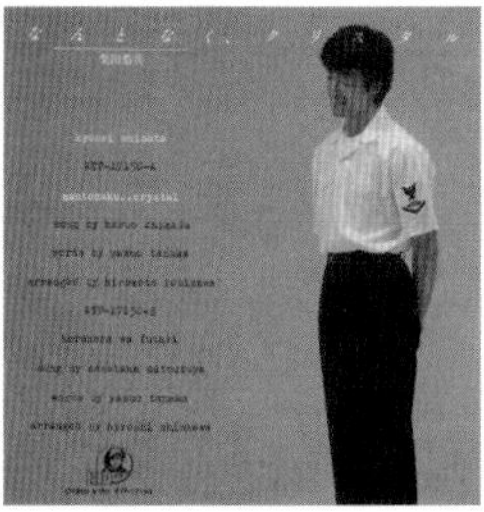

『なんとなく、クリスタル』
柴田恭兵
（昭和56年）

昭和55年に発表されてブームを引き起こした田中康夫の小説のレコード化。主人公が青山に住むという設定だった。田中自身の作詞。近田春夫が作曲している。

『南青山三丁目』
細川俊之
（昭和53年）

『あまい囁き』以来、細川のレコードは語りが大半。甘くムーディな美声のとりこにさせられる。「ムー一族」でたこ八郎と絡んだコミカルな味も忘れられない。

『夜霧のハウスマヌカン』
やや
（昭和61年）

DCブランド華やかなりし頃の販売員の悲哀。作詞はいとうせいこう。ややはヒマラヤ・ミキ名義で『真夏の出来事』をカバーしたほか、『ランバダ』も歌った。

『青山レイニィ・ナイト』
野沢那智&白石冬美
（昭和57年）

TBSラジオ『パック・イン・ミュージック』の名コンビ、ナッチャコが歌うデュエット企画盤。森雪之丞の詞は出だしは二の線ながら、後半はちょっとコミカルに。

『青山Killer物語』
RA MU
（平成元年）

〝キラーストリート〟にかけての〝キラーストーリー〟か。バブル期の青山を舞台に売野雅勇がクールな詞を書いたAOR歌謡。ラ・ムーのラストシングルとなった。

『246コネクション』
荻野目洋子
（昭和62年）

昭和の終わり、バブル初頭の東京と軽井沢を舞台にしたアルバム。『246プラネット・ガールズ』『北青山3丁目4番地』『キラー通りは毎日がパーティー』を収録。

東京レコード散歩 その 6

OMOTESANDO・HARAJUKU

表参道・原宿

青山通りから六本木通りへと通ずる骨董通りは、古くは高樹町通りと呼ばれ、都電が走っていた。しだいにアンティークショップが増えていったことから呼び名が変わり、'80年代になって今の名称を広く定着させたのは、テレビ東京「開運！なんでも鑑定団」でお馴染みの中島誠之助氏といわれている。氏には「南青山骨董通り」という著書もある。'70年代から'80年代にかけて、この通り沿いにあったのが、小さな輸入レコード店「パイド・パイパー・ハウス」である。経営者が音楽関係者だったこともあり、業界人の出入りも多かったと聞く。店内にカフェスペースが設けられたスタイルも、当時は画期的だっただろう。

跡地の正確な場所が分からなかったため、付近でいちばん古そうな写真館に入ってご主人に問うと、「ウチのすぐ横の角でしたよ。しかしこの通りも昔からの商店はほとんどなくなっちゃって」と、話は最近の都市開発についての嘆き節へと展開していった。念のため近くの印章店でも確認するとやはり間違いない。通りに入り、六本木方面へ向かってちょっと進んだ右側。現在は瀟洒な洋服屋さんになっており、試しに店の人に尋ねてみたら、「ウチは去年開店したばかりで昔のことは……」と、非常に丁寧な応対に恐縮する。パイド・パイパー・ハウスの開店は昭和50年だったというから、まだ輸入レコードが簡単に入手できなかった時代、この店のお世話になった方は多かろう。そういえば、ある先

伝説の輸入レコード店「パイド・パイパー・ハウス」があったのはこの辺り

輩コレクターから聞いた話では、遥か昔、表参道にもかの「ハンター」の支店があったそうで、その頃は中古盤は古ければ古いほど安かったという。「ビートルズやビーチ・ボーイズのシングルなんて1枚50円で売ってたよ」なんて話も。少なからず誇張もあるかもしれないが、80年代初頭の廃盤ブームより前、中古レコードの世界はかなり平和であったことはなんとなく想像がつく。聖徳太子の1万円札を持ってその時代へ行き、安い中古盤を買いまくりたい。

聖地巡礼を終えて青山通りの表参道交差点まで戻る。参道入口にある山陽堂書店は現在は9坪ほどの小さな書店だが、明治24年創業という大老舗で、昭和39年の東京オリンピックの際に246の拡張工事が行われた以前はもっと広い店舗だったという。しかし階上にギャラリーを擁した文化の発信地でもあり、「週刊新潮」の表紙で知られる谷内六郎の大きな壁絵は表参道のシンボルでもある。いつまでも営業を続けていただきたい。原宿方面へ少し歩くと右側に表参道ヒルズが見えてくる。いちばん手前にはかつて同地にあった同潤会アパートの建物が再現された棟があって懐かしい。その前辺りから、流行になって久しいポップコーン屋さんの行列ができており、さらに進むと今度はパンケーキ店「エッグスンシングス」の長い列が。日本人は本当に辛抱強い民族だと思う。通りの反対側、江戸時代から遺るという立派な石垣を土台に擁したビルに

表参道交差点は明治神宮の表参道の入り口

明治24年創業の老舗書店、山陽堂書店

は、以前トーラスレコードが入っていた。早見優やテレサ・テンが所属していたレーベルで、当時何回かオフィスを訪れる機会があった。この辺りを歩く度に、山田パンダの歌う**『風の街』**を思い出す。郷ひろみや桜田淳子が出ていた「あこがれ共同隊」というドラマの主題歌で、内容こそよく憶えていないものの、物語の舞台となった表参道と原宿の地名が歌詞に登場するこの歌は、昔から変わらない欅並木の風景と共に記憶の底に刷り込まれている。バブルの頃、12月のライトアップされた大通りをヘッドフォンで山下達郎の**『クリスマス・イブ』**を聴きながらひとり歩くのはなんともいえぬ快感であった。一時期休止していたクリスマス期のイルミネーションはまた復活しているが、昔ほどの感動が得られないのは、自分が歳をとったせいであろうか、あるいは風情ある同潤会アパートが姿を消し、綺麗すぎる表参道ヒルズに建て替わってしまったせいなのかもしれない。

ビクターの社名がまだ〝ビクター音楽産業〟だった時代のお膝元、原宿ピアザビルの近くにあるカフェで休憩。かつてビルの前にはビクター犬として知られるニッパー君の銅像があり、三越のライオンよろしく待ち合わせ場所に使ったものだった。甘いものを食べて体力を取り戻した後、再び聖地巡礼に臨む。吉田拓郎（当時はよしだたくろう）の歌でお馴染みの「ペニー・レイン」の

かつての同潤会アパートを彷彿
させる表参道ヒルズの一角

あった場所はすぐ見つかった。現在は飲み屋さんとなって繁盛しており、その並びの何軒か先には「ペニー・レイン」の名を掲げたバーもあったが、直系の店なのだろうか。一応写真に収めて表通りに戻る。多くの店が移り変わる中で、昔からある店「キディランド」の健在に安心を覚えつつ、今日も賑やかな神宮前の交差点を右折して今も昔も人の波が絶えない竹下通りへ。この通りには岡崎友紀主演のドラマ「ラブラブライバル」の舞台となったレコード店「メロディーハウス」の建物が現存していた。こちらも現在は洋品店になっている。「ラブラブライバル」はＴＢＳで岡崎が主演したライトコメディ・シリーズの第4弾で、「おくさまは18歳」「なんたって18歳!」「ママはライバル」に続いて、昭和48年から49年にかけて放映された作品。二十歳を機に独立した主人公が、輸入レコード屋の2階に下宿して新生活を始めるというストーリーだった。岡崎自身が「おくさまは18歳」のときの役名〝高木飛鳥〟名義で自ら作詞した主題歌**『風に乗って』**は抜群にいい曲だ。ちなみに劇伴も担当した作曲の島田タカホは、歌手の島田歌穂の御尊父である。

　竹下通りには以前レコファンがあった時期もあったし、ラフォーレ原宿の地下ではＨＭＶが営業していたが、いずれも今はなし。この界隈にはダンスミュージック系のショップが何軒かある以外、歌謡曲のレコードが買えるような店は

駅前にそびえるマンション「コープオリンピア」。東京オリンピックにちなんだ名称だそう

原宿ペニーレーンのノベルティグッズ（著者所蔵）

残念ながらない。土地柄仕方がないことだろう。それでもブックオフ原宿店があった頃はちょいちょい来ていたのだが、最近はますますこの街を訪れる機会が減ってしまった気がする。そんな原宿で今回最後に訪ねたのは、駅前に聳えるマンション「コープオリンピア」。竣工の前年に開催された東京オリンピックに因んだ名称だそうだから、築50年になる（※）。都内の大型高級マンションのハシリだ。建て替えの話もあるようだが、モダンで風格ある造りの建物を失うのは余りにも惜しい。地下にある中華料理店「南国酒家」は竣工時から営業を続ける老舗で、雰囲気よし、味も安定した名店。この辺りで「いい中華屋さんない？」と人から聞かれたときには迷わずここを薦めるようにしている。近いうちにまた食べに来よう。建物の裏に回ってマンションの全景を撮らせてもらっていると、30年程前、ここに住まわれていた近江俊郎の部屋を訪ねたことを思い出した。歌手であり、作曲家でもあった氏の本名は〝大蔵敏彦〟。新東宝の社長だった大蔵貢の弟であり、映画監督もこなしたのだ。その日は高島忠夫主演の「坊ちゃん」シリーズの話を聴きにいったのだが、ものすごい早口に辟易したのを憶えている。しかしながらまったく偉ぶらず、楽しくて優しい方だった。作曲家としての作品に由利徹**『カックン・ルンバ』**がある。由利が主演した喜劇映画「カックン超特急」も氏の監督作品だった。（平成26年11月）

※令和3年で築56年に。幸いにしていまだに健在である

大正13年に竣工した旧駅舎。令和2年3月に惜しまれつつ役目を終えた

『逃避行』
麻生よう子
（昭和49年）

日本レコード大賞最優秀新人賞を受賞したデビュー・ヒット。千家和也による詞には特定の地名は出てこないが、ジャケには特徴ある原宿の駅舎が写る。作曲は都倉俊一。

『表参道』
NAC
（昭和49年）

ストレートなタイトル。当時流行っていた『神田川』などとは対照的にブルジョアな匂いのするフォークソングである。東海林修によるアレンジも洗練されている。

『雨の原宿』
平浩二
（昭和50年）

平〝バスストップ〟浩二のカスタム盤には、在りし日の同潤会アパートがしっかり写っている。B面『ソーラン港』とのあまりに無作為なギャップが素晴らしい迷盤。

『風の街』
山田パンダ
（昭和50年）

TBSで放送された青春ドラマ『あこがれ共同隊』主題歌。喜多条忠の作詞、吉田拓郎の作曲。ドラマは郷ひろみ、西城秀樹、桜田淳子、浅田美代子らが出演していた。

『表参道』
エアーズ
（昭和52年）

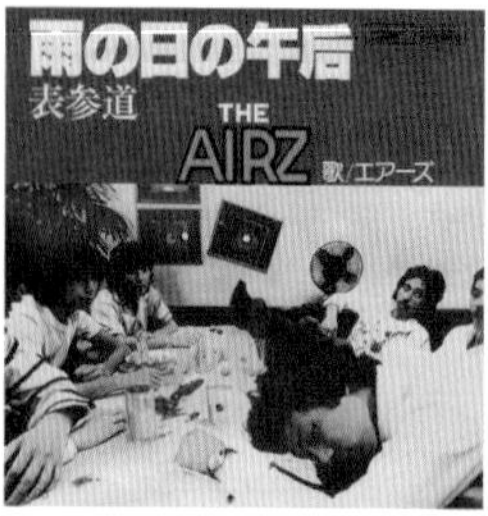

こちらのストレートソングは『雨の日の午后』のカップリング曲。この後彼らは、同じ東芝のユーミンからサントリーのCM曲として『OH!ガール』を提供された。

『原宿駅伝言板』
ニュー・シーズン
（昭和52年）

ロス・インディオスのリバイバル盤よりも2年前、『別れても好きなひと』のカップリングで原宿駅が舞台に。駅に伝言板があったのはまだ携帯電話がなかった時代。

『表参道軟派ストリート』
水谷 豊
（昭和53年）

水谷豊の歌は台詞が特徴。阿木燿子＝宇崎竜童コンビの作による軽快なこの曲でも独特の豊節を聴かせる。詞には大阪の難波が登場してナンパと引っ掛けている。

『恋はめちゃくちゃ』
五島 潤
（昭和52年）

タイトルもジャケもコミックソングにしか見えない意味不明なディスコ歌謡は、作曲が彩木雅夫と城美好という、クール・ファイブな布陣。彼もまた長崎の出身。

『原宿キッス』
田原俊彦
（昭和57年）

デビュー3年目のトシちゃんが筒美作品を歌う9枚目のシングル。コーラスはEVE。日曜日となると、原宿のホコテンや代々木公園で竹の子族が踊っていた頃。

『それぞれの原宿』
ロス・インディオス＆シルヴィア
（昭和55年）

『別れても好きな人』を大ヒットさせたロス・インディオスが、続けてシルヴィアとともに放ったヒット曲。作曲の中村泰士はポップス調演歌に抜群のセンスを発揮。

『ぬれて原宿』
松平直樹＆ブルーロマン
（昭和58年）

マヒナ・スターズからしばらく離れていた松平直樹が、中島奈々美と歌うデュエット・ムード。歌詞にはマロニエ通り、竹下通りが登場。B面では一気に札幌へ飛ぶ。

『ヨロシク原宿』
ニックじゃがあず
（昭和57年）

「欽ドン！良い子悪い子普通の子」でワルオとワル山を演じた、西山浩司＆小柳みゆきのユニットが歌う。松本隆×筒美京平による、最高に贅沢なコミックソング。

東京レコード散歩

その

7

SHIBUYA

渋谷

公園通りにオープンしたPARCOがきっかけとなり、'70年代から若者の街へと変貌を遂げていった渋谷。その後は109のオープンをきっかけに若い女性が増え、やがてギャルの本拠地となるに至って、残念ながら大人には居心地の良い街とは言えなくなってしまった。それでも個人的には仕事場と家の通り道にあるためほぼ毎日利用している駅でもあり、そこそこの頻度で滞在して結構な時間を過ごしている。

その大きな理由のひとつはレコードショップが充実していること。ディスクユニオンやレコファンに代表される中古店のみならず、新宿とその勢力を分け合うタワーレコード渋谷店、駅前にはTSUTAYAもある。久しく不在だったHMVも少し前にできた宇田川町のレコード専門店に続き、この度ブックストアを主体とした新店舗がオープンして復活を遂げた。

ここ数年でも、東急文化会館がヒカリエとなり、東横線の駅が地下化、東急プラザの閉館などだいぶ変貌を遂げてきたが、駅周辺はさらに再開発が進み、何年か後には新しい姿に生まれ変わる。昭和の渋谷を体感できるのは今のうちだ。それでも、渋谷の玄関口であるハチ公前広場からスクランブル交差点を望む風景は昔からそれほど大きくは変わっていない。ハチ公の居場所は同じ広場内で何度か移転しているそうだが、現在の位置はベストと言って良いのでは。その

ハチ公の居場所は同じ広場内で何度か移転している

変わり続ける渋谷駅前

すぐ横に東横線の旧車両（※）が置かれてからもう10年近くは経つだろうか。現役時代、クレージーキャッツの映画にも登場したことがある緑色の車体は、今は案内所兼休憩所となって駅前の風景に溶け込んでいる。旧字体の〝澁谷〟のプレート文字がなんとも勇ましい。東急東横店を背にして左前方にある二つのビルは、テナントは入れ替わっても建物自体は昔のまま。現在1〜3階がロクシタンとなっているビルには、以前〝大井〟の看板が掲げられていた。渋谷が舞台となった「ウルトラマンA」のアリブンタの回に、よくできたビルのミニチュアが登場したと記憶する。建て替えは時間の問題であろう。

スクランブル交差点を渡り、TSUTAYAの入っているQ FRONTのビルの横からセンター街を歩く。昭和30年代には砂利道だったらしい。昔の東京の写真集を見ると、食堂や喫茶店がぽつぽつと並んだ地味な路地で隔世の感がある。途中から、並行する井の頭通りへ抜ける。現在のフォーエバー21は、かつてのHMV渋谷店。渋谷系の発祥地であり、毎日のように寄った店だったから、閉店の際は本当に残念な思いがした。通りを宇田川町交番まで進むと、左手にディスクユニオン渋谷店、さらに先のBEAMSビルの4Fには、都内最大売場面積を誇る中古ショップ「レコファン」がある（※※）。この日もちょっとだけ覗いて、安いレコードを買う。以前は各地に支店があったレコファンだが、今

※ハチ公前広場の整備改修に伴い、令和2年初夏に秋田の観光施設へ移された
※※令和2年10月をもって閉店。横浜店も閉店し、現在は秋葉原と武蔵小金井で営業が続く

「ウルトラマンA」に出てきた駅前の雑居ビル

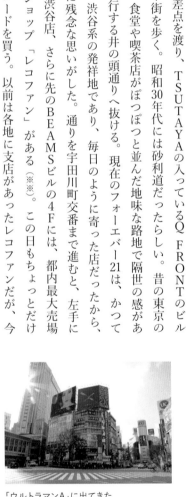

はここと横浜店だけになってしまったのはちょっと淋しい。この前後に地下2階のまんだらけというのがいつものコース。向かいのビルに神戸のレコード店「ロックンロールエイズ」の支店があったのを思い出す。

通りをさらに進み、右手に東急ハンズの向かいにあるノアビルには、平成26年にできたHMVレコードショップがある。以前はDJ御用達のダンスミュージックレコードだったところ。ちなみにレコファンは以前、東急ハンズの向かいのビルの4階辺りに店を構えていたと記憶する。現在のサイゼリヤは旧タワーレコードでこれまた懐かしい。その向かい、現在もマンハッタンレコードがある一帯もレコードショップ、殊に輸入盤専門店の密集地で、自分はもっぱら国内の中古盤を扱うイエローポップに通っていた。同じ場所にあるフェイスレコード（※）に入ってみる。自分の範疇外のレコードばかりかと思いきや歌謡曲もあり、勝新のシングルを買う。前から探していた古いサントラ盤も見つけて意外な収穫であった。

二・二六事件の慰霊碑の横を通って渋谷公会堂へ（※※）。ジュリーの公演を最後に長い歴史を終えたホールは、隣の旧・渋谷区役所とともに静かに佇んでいた。ここでは様々なコンサートを観たので感無量。「NTV紅白歌のベストテン」など番組の公開録画に使われた。映画のロケ地としては、植木等が縦横無尽に暴れ

※令和2年、宮下公園がリニューアルされたミヤシタパーク内に和モノ専門の支店がオープンした

※※「LINE CUBE SHIBUYA」となって令和元年10月にニューオープン

50年の長い歴史を終えた渋谷公会堂の建物

回った「大冒険」が印象に残る。そして向かいはＮＨＫである。「ＮＨＫ紅白歌合戦」などの公録やコンサートが行われている聖地、ＮＨＫホールにも立ち寄った後、ライブハウス「エッグマン」を横目に見ながら公園通りを駅方面へ戻る。

路地を入った北谷公園の前に以前あった「ＯＤプレイヤーズ」は、この業界では知る人ぞ知るＫさんがオーナーを務めていた中古レコード店で、レコードのほかにも雑貨や洋服も扱う洒落た空間であった。レコード好きで知られる某有名アーティストもよく訪れていたと聞く。公園通り沿いのＣＯＥＮビルの２階には、かつて「ハンター渋谷店」があり、一時期は足繁く通った。駅からの道のりがかなりの上り坂だったため、夏場などは汗だくになりながらレコードを漁ったものである。数寄屋橋の本店同様、掘り出し物には事欠かない店で、自分の中でシングルの上限を１０００円と決めていたにもかかわらず、様々な珍盤を買えたことは本当に有難い。今でも大事にしているいくつかの盤はここで入手したことを忘れていない。

〝公園通り〟の名は昭和48年にＰＡＲＣＯがオープンした際に命名されたそうで、それまでは〝区役所通り〟と呼ばれていた。自分は全く記憶にないのだが、同行のＴ氏によれば、80年代半ばのわずか2年ほど、この通りにＣＳＶ渋谷という、ダイエー資本のオーディオ&ビジュアルショップがあった由。レコード

昭和48年に開業したパルコ。平成28年に閉館し、平成29年に再オープン。写真は平成27年撮影

『恋人たちの公園通り』のジャケはここか。

店だけでなく、楽器売り場やイベントスペース、レコーディングスタジオや編集スタジオも擁する、音楽と映像の総合店舗だったという。早すぎた施設といったところだろうか。公園通りがテーマにされた歌というのはいくつかあって、その中の一曲**『恋人たちの公園通り』**（ティファニー）のジャケットの写真がどの地点での撮影なのかを検証するのは本日の目的のひとつなのであった。通りを行ったり来たりした結果、レンガの花壇のフチらしき場所に腰掛けるバックに見える街灯や建物の様子から、おそらく渋谷東武ホテルの入り口前であろうと推察して、同ポジになるような写真を撮ってみた。果たしてそれが正解かどうかは読者の方のジャッジに委ねたい。しかし定点観測は本当に楽しい。

松田優作のドラマ「探偵物語」のエンディングに登場するGAP前を過ぎ、現在営業中のカフェ・ミヤマは、数多のアーティストがステージを踏んだ小劇場「ジァンジァン」の跡地。カフェの店内は昔の造りがそのまま活かされた内装で、劇場時代を彷彿させる。都内に店舗を増やしているミヤマは銀座ルノアールの経営で、ここも渋谷ジァン・ジァンが閉じた後しばらくはルノアールとして営業していたが、いつの間にかミヤマとなっていた。打合せのできる喫茶店が不足している渋谷では貴重な存在である。

丸井グループによる新しいショッピングビル「ＭＯＤＩ」（元マルイシティ

公園通りの近くにあるドラマ『雑居時代』に撮影スタジオとして登場するビル

の5〜7階に入るHMV&BOOKS TOKYOは、考えてみると、ライバル「タワーレコード」のすぐ向かいのビルにオープンしたことになる。CD産業がいよいよピンチのこの時代、うまい具合に共存して繁栄してほしいと切実に願う。タワレコ渋谷店は同新宿店とともに、最も頼りになる新譜の大型レコードショップ。ディスクユニオン各店とともに、実店舗を愛する音楽ファンの心の拠りどころといっても過言ではない。失われた街のレコード店の面影を追うことに重きを置いているこの連載ではあるが、やはり今あるリアル店舗も大切にしなければならないと痛切に感じる。そんな思いを抱きながらまた駅前に戻ってきた。

見慣れた西武百貨店のビルもそろそろ建て替えの時期なのかもしれない。B館の地下にはWAVEの前身となるディスクポート西武があり、さらにその前には、ポスターや玩具などを扱うムービーショップがあったのを思い出した。映画のチラシ集めが全盛だった時代。そういえば今回歩いたエリアではないが、金王坂の渋谷クロスタワー（旧・東邦生命ビル）には、サントラ・マニアの聖地といえるレコード店「すみや」があってずいぶんと世話になった。あの頃の渋谷は今よりずっと文化の香りがしていた。

再びハチ公前を起点として、今度は道玄坂方面へ進む。坂を上りはじめてすぐ、109の向かいにあるパチンコ店の横に小さなレコード店があったのは、遠

タワーレコードは渋谷の音楽シーンの中心

HMV record shop 渋谷

い昔のこと。買い物をしたことはついぞなく店の名も知らないままだったが、いつも前を通ってところ狭しとレコードが並べられている様子を眺めていた。そのすぐ先にはTOHOシネマズ。自分が学生時代、渋谷で東宝の映画を観る際には今のQ FRONTの場所にあった渋谷宝塚だったが、もともと東宝邦画作品の封切はこちらにあった渋谷東宝で、昭和24年に「青い山脈」が大ヒットしたときには長蛇の列ができたという。通りを挟んで向かいに位置するプライムは、かつてはクレジットの緑屋であった。丸井と並ぶ月賦ショッピングの先駆け。その隣のビルの地下に今もある珈琲トップは昭和27年の創業という老舗の喫茶店である。駅前には1号店が、さらに新宿にも支店がある。東宝で作られた映画版「若い季節」（昭和37年）で青島幸男が喫茶店のマスターに扮するのだが、そのセットにこの店のロゴが使われていた。

道玄坂の中間辺り、看板建築の古い建物が並ぶ一角にあった古本店「文紀堂書店」はよく覗き、大衆小説などを買った。開業が戦前だそうで、昭和30〜40年代の風情が残るいい雰囲気の店であった。その後は池ノ上に移転し、現在は代替わりして調布の仙川で営業されているらしい。その先にあるヤマハの楽器ショップは、以前はレコードも扱っており、幼少の頃、ここにキャンペーンに来ていたであろう坂本九に握手してもらったことがある。向かいにあった「サ

昭和43年に開店した渋谷西武。B館にはかつてディスクポート渋谷があった

カモト」という理髪店が親の代から行きつけの店で、その日も親に連れられて訪れていた折、「そこに九ちゃんが来てるよ」と言われて会いにいったのだった。おそらく幼稚園か小学校低学年の頃。それが、芸能人との生まれて初めての握手と思われる。ちなみにサカモトの符合は単なる偶然である。その時代はまだこの辺りに力道山が開いたリキ・スポーツパレスが存在していたはずだ。

坂の上で通りを渡り、少し戻って百軒店の路地を入る。すぐ右にある道頓堀劇場は、コント赤信号やゆーとぴあが修行を積んだというストリップ劇場。なぜ渋谷なのに〝道頓堀〟なのかというと、本来は〝道玄坂劇場〟であったのだが、手違いで誤った看板ができてきてしまい、面倒なのでそのまま劇場の名にしてしまったという漫画みたいなエピソードがある。あまりにできすぎた話なので後付けかもしれない。かなり急な坂を登ると道が狭くなって三筋に分かれる。この一帯、昔は渋谷における娯楽の中心地として大きな映画館もあったらしい。今はラブホテルや風俗店が密集したゾーンで普段はちょっと行きづらいが、飲食店の数も多く、昔ながらの名店もある。ひとつは昭和44年にオープンし、はっぴいえんどやはちみつぱいがライブ出演していたという伝説のロック喫茶「B・Y・G」。その隣に昭和元年創業の名曲喫茶「ライオン」がともに健在。二店が並ぶ小路を抜けると、途中千代田稲荷神社の横を通り、多くのライ

道玄坂のB.Y.Gと
ライオンは今も健在

ブハウスが集まるエリア。円山町のラブホ群との共存が興味深い。

かつての花街歩きは突如古い建物が出現したりしていろいろな発見があるが、その辺りは昔から愛読している本橋信宏さんの範疇になる。最近上梓された「迷宮の花街　渋谷円山町」は無類に面白いルポルタージュだった。同書にも書かれている通り、歌手の三善英史はこの町の出身である。本当はシングル発売する予定ではなかったという**『円山・花町・母の町』**は結局3枚目のシングルとしてリリースされ、デビュー曲**『雨』**に次ぐヒットとなった。自らの生い立ちが歌い込まれたリアルな詞が訴えかけてくる。自然と口ずさみながら裏路地をしばらく歩いていると、井の頭線の神泉駅に着く。それからさらに歩くと辺りの雰囲気が一変して、松濤の住宅街へ出た。Ｂｕｎｋａｍｕｒａはもう目の前。幾度も訪れているオーチャードホールで今までにいちばん多く観ているのは加山雄三、最近では薬師丸ひろ子のコンサートを堪能した。沢田研二主演の映画「太陽を盗んだ男」にも出てくる東急本店を横目に見ながらドン・キホーテ前の交差点に出る。渋谷に二つある東急百貨店だが、昭和42年に小学校の跡地で開店した本店の方が歴史は浅い。前身が東横百貨店だった駅前の東横店(※)は、平成25年に閉鎖された東館のオープンが昭和9年だというから、今の大工事も致し方ない。

昭和42年に小学校の跡地で開店した東急本店

※令和2年3月で85年に亘った営業を終了。西館・南館ともに取り壊され、跡地には令和9年に渋谷スクランブルスクエア2期棟が建設される予定

駅に近づき、富士そばの角を左に折れてすぐ、地下に小さなレコード店がある。「JARO」というジャズの専門店は、昭和48年から営業しているそうだが、存在は知りつつも入ったことがなかった。階段を降りて行くと、決して広くない空間にレコードがぎっしり詰まって、レコードのいい匂いが充満している。奥にいかにもジャズが好きそうなご主人が座っていた。何か買いたかったが見つからず、恐縮しながら店を出る。今は線路沿いに軒を列ねる「のんべい横丁」は、もともとこの界隈に並んでいた屋台が集まって移転したというから、渋谷で流しをやっていた北島三郎は、昔この辺りをギター抱えて歩いていたに違いない。引退前にはぜひ渋谷に帰ってきて凱旋流しをしてもらいたいものだ。

109前のスクランブル交差点を渡り、路地を入って井の頭線エリアへ。この辺もマークシティが完成して久しく、昔とはずいぶん風景が変わっている。昭和40年頃の渋谷の街並が写っている写真集を見ていて、他の場所はだいたい分かったけれども、10円寿司店の看板が目立つ井の頭線の駅前風景はすぐには判別できなかったほど。学生時代は近所の裏道にあった安いステーキ専門店でよくランチをした。近所に来ると必ず立ち寄る渋谷古書センターは今日も健在。植草甚一気分で外の均一棚で雑本を漁る。すぐ目の前にあった東急プラザ（※）の建物がついに解体されて初めて見る光景が広がっている。ここでは広い三省

新生・東急プラザこと渋谷フクラス(SHIBUYA FUKURAS)

解体中の東急プラザ(平成28年撮影)

※東急プラザ渋谷は新ビル・渋谷フクラス内に令和元年12月オープンしたが、三省堂もコタニも姿を消した。誠に残念

堂書店と、CDショップのコタニによく訪れた。結局は物心ついてからの何十年、常に書店とレコード店のあるところに通いつづけてきたのである。２年後にできるという新しいビルに両施設が入ることを望む。

国道２４６を渡って桜ヶ丘地区へ移動。以前、ミニシアターのユーロスペースがあった通りの坂を登りきったところにあったアパートは、やはり映画「大冒険」のロケ地で、まだ建物が残っていた頃に写真を撮りにきたことがある。最後は留学生専用のアパートになっていたようだ。近くにはドラマ「俺たちの祭」のロケで使われた坂も。さらに２４６から歩道橋を渡ってすぐ、現在のエクセルシオールカフェの場所にあったマックスロードは、月９ドラマ「東京ラブストーリー」でカンチとリカが待ち合わせをしたカフェだった。今日もその辺りを歩こうとしていたら、歩道橋下にあるあおい書店（※）の前で、近くで最近バーを開いた知人にバッタリ会う。まだオープン前の時間であったが、ちょっとお邪魔させていただくことにした。メイン通りの坂の途中で左に折れてすぐ、右側にあるビルの2階にミュージックバー「45」はある。というわけで今回の散歩はここでフィニッシュ。いつにも増してよく歩いた。新たな東京オリンピックに向けて、都内で最も変貌著しい街・渋谷は、今後どんな顔を見せてくれるのだろうか。（平成28年2月）

※この一帯は再開発計画ですべて撤去され、令和3年春現在も工事中。完成が待たれる

桜丘町のさくら通りの桜並木

『花のヤング・タウン』
ザ・ワイルド・ワンズ
（昭和43年）

チャッピーの加入で若返ったワイルド・ワンズが、“若者の街”渋谷をアピール。公募の歌詞は、『世界の国からこんにちは』の島田陽子氏。植田芳暁メインの一枚。

『若い渋谷』
山川 純
（昭和42年）

「ホイホイミュージックスクール」出身歌手が渋谷の街を歌う青春歌謡。セゾン文化が進出する前から、渋谷は若者の街だったようす。青学の存在も大きいだろう。

『公園通り』
GARO
（昭和49年）

PARCOがオープンして新しい通りの名がネーミングされた翌年、記念写真展が開催された折に作られたとされるプロモ盤。詞は一般公募。村井邦彦が作曲した。

『ノーチェ・デ・渋谷』
ヴィレッジ・シンガーズ
（昭和45年）

阿久悠作詞によるヴィレッジの後期盤。後ろの大きな建物は渋谷宝塚が入っていたビルで、現在のQ FRONT。よく見ると『男と女のお話』ののぼりが見える。

『恋人たちの公園通り』
ティファニー
（昭和52年）

シモンズ『ふたりだけの結婚式』のカバーでデビューした田中久恵と富山美枝子によるデュオの2ndシングル。B面『幸福のはじまり』とともに作曲は馬飼野康二。

『公園通りの情景』
神崎みゆき
（昭和49年）

『ゆう子のグライダー』で知られるシンガー・ソングライターの一枚。ジャケットに映る喫茶店「時間割」は昭和44年オープンで、わりと最近まで営業していたようだ。

『下谷としぶや』
マイク真木
（昭和41年）

日比谷の街角ですれ違った彼女は、下谷に住んでいる。ぼくのうちは渋谷。地下鉄に乗れば会いに行ける……という話。つまりは銀座線のうた? 浜口庫之助の作。

『オリンピック渋谷音頭』
春日八郎
（昭和39年）

オリンピック東京大会開催の折、選手村や屋内総合競技場を擁する渋谷区が推進した五輪ソングを収めた非売品フォノシート。ハチ公もオリンピックを見守った。

『円山・花町・母の町』
三善英史
（昭和48年）

渋谷区出身の三善英史はスカウトをきっかけに歌手となり、『雨』でデビュー・ヒットを飾る。3枚目の本作は自らの出生が題材となった。紅白に初出場した際に歌唱。

『渋谷ブルース』
バーブ佐竹
（昭和43年）

キングからミノルフォンへ移籍した後のバーブが歌う、遠藤実作曲の切ないブルース。道玄坂、宇田川町、恋文横丁、ハチ公広場などの名称が織り込まれている。

『渋谷で5時』
鈴木雅之&菊池桃子
（平成8年）

若者の文化の発信地としての渋谷をアピールする思いで作られたという、'90年代屈指のデュエットソング。パロディ版に千昌夫&コロッケ『上野に五時半』がある。

『雨ふり道玄坂』
ふきのとう
（昭和51年）

ポプコン出身、『白い冬』でデビューした彼らの6枚目のシングル。失恋した女性の心境が描かれる。北海道出身なのに沖縄で特に人気が高かったというのは何故?

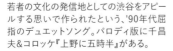

東京レコード散歩
その
8
IKEBUKURO

池袋

新宿、渋谷と並ぶ山の手三大副都心のひとつ池袋篇である。池袋というとどうしても夜のちょっと危うい イメージが付きまとう。最も有名なご当地ソングは青江三奈の**『池袋の夜』**だし、同曲が日活で映画化された際も「女の手配師池袋の夜」というかなり怪しげなタイトルが冠された。最近でもクドカン（＝宮藤官九郎）作の「池袋ウエストゲートパーク」はエグいシーンが描かれたアンダーグラウンドなドラマとして記憶される。東京をあまり知らない人にとって、池袋はちょっとコワい街と思われても仕方がないだろう。

そんなイメージを払拭すべく（？）出かけた今回の散歩、結論から言ってしまえば少なくとも昼間はいたって平和な街であった。個人的には学生時代の多感な時期を過ごした懐かしい街でもある。ターミナル駅にありがちな、西と東で様子が大きく異なる街。まずは親しみ深い西口一帯を歩く。東武百貨店の地下1番街に有名な待ち合わせ場所があり、今は大きな液晶モニター（※）になっているが、昔はテレビがたくさん並んでいたことから、仲間内では〝テレビ前〟と呼んでいた。ご存知の方はきっと多いはず。その横の地下道を東口方面に進むとJRの改札を過ぎた辺りにスナックランドという食べ物屋さんの集合体があり、そこでスパゲッティやカレーをよく食べたのも懐かしい。今は小綺麗になり名前も変わったものの、食べ物処は健在だ。まずは東武のエレベーターに

※その後、壁が取り払われて新たな売り場を設置。付近の見渡しがよくなった

池袋の待ち合わせは池袋のマスコット、いけふくろう前で

乗って7階へ。老舗のレコードショップ「五番街」に立ち寄る。昔からよく歌手の店頭キャンペーンが行われていたが、今はやはりアイドルが多いようで、壁に様々なアイドルグループのサイン入りポスターがズラリと並んでいた。

たしか10階か11階にあった旭屋書店で毎日のように本を物色したのも東武百貨店での思い出だ。角川映画が次々に封切られていた頃、すっかりファンになっていた薬師丸ひろ子の次の主演作が「セーラー服と機関銃」と発表されてすぐ、まだ文庫になる前の単行本を探してここで買ったことを強烈に憶えている。ほかにも「戦国自衛隊」「スローなブギにしてくれ」など、映画化が決まった作品の文庫をいち早く買って貪るように読んだものだ。当時の宣伝のキャッチフレーズに倣って言えば、自分は〝読んでから観る派〟だった。よく、年齢によって〝〜世代〟という区分けがされるが、自分は間違いなく〝角川映画世代〟だと思う。それにしても、ビックカメラのCMソングにある通り、東口にあるのが西武で、西口が東武なのがややこしい。もっとも池袋の東武はもともと東横百貨店、西武もその昔は武蔵野デパートといったらしいから、たまたまの所産というわけである。

今やIWGP（＝池袋ウエストゲートパーク）の名の方が通りがよくなった西口公園は平日の昼間にもかかわらず人でいっぱい。ステージ状になった場所

昭和52年に開業した池袋のマルイ。
令和3年8月に閉店

にホームレス風が3人ほど横になっている。すぐ脇には平和の像があるが、普段は気にとめる人は皆無であろう。戦前は師範学校、戦後まもなくは闇市が広がっていた一帯だそうで、今はすぐ側に聳《そび》える東京芸術劇場が、街の景観と治安を辛うじて保持している感じがした。見渡しのいい公園から駅前の大通り（要町通り）に抜けて、マルイがある大きな交差点へ。途中の左側にあった芳林堂書店の本店は今はなく、通りの反対側にコミックプラザ（※）だけが残る。地下1階から地上6階までの大型書店で、最上階の7階には古書の高野書店と喫茶「栞」があり、階段から連なる広い均一棚を漁ったのも懐かしい思い出。そして1階奥には芳林堂のレコード部があった。昭和50年代の半ば、アイドルのシングル盤などはここでずいぶん買った。

交差点にあるマルイでは学生時代に買い物をした憶えこそないものの、中に入っていたハンバーガーショップ「森永ラブ」によく立ち寄ったものだ。ハンバーガーは素朴で好きな味だったし、それにも増して、ちょっと独特な甘さのあるオレンジジュースを決まって注文していた。あれはサンキストオレンジだったか。早々に撤退してしまったせいか、当時の話が通じる相手は少なく、ほぼ同世代でないとほとんど知らない。だからこそ、平成19年に公開されたホイチョイ・ムービー「バブルへGO!! タイムマシンはドラム式」で六本木店

※漫画コーナーもいつの間にか撤退。近場では芳林堂書店高田馬場店が盛業中

「池袋ウエストゲートパーク」に出てきた池袋西口公園。今は様相が異なる

のセットが再現されたのはしみじみと感慨に耽った。

　要町通りを進むと古本とレコードの八勝堂書店（※）がある。今の綺麗なビルになる前から通っていて、自分なりの掘出し物をずいぶん買わせてもらった。ビル工事中にすぐ近くの仮店舗で営業されていたときには、シリア・ポール**『夢で逢えたら』**の帯付きLPを極めて安価で買えたことも。こういう嬉しい戦歴は忘れられない。今は店頭にあるシングル盤の１００円均一台が楽しく、池袋に来るとだいたい立ち寄るのが常。店の半分は古書店になっていて盤石の品揃えである。新装オープン時にレア盤がザクザク出ていたのは、老練コレクターの遺品を買い受けたものだったと、後に事情通が教えてくれた。今日も立ち寄ったついでにシングルを2枚購入してから、横の路地を曲がって立教通りへ。

　通りに出る手前、今はバーになっているメモリーレコードは、かつてはレコード屋さんで、店名はその名残。レコード店だった頃に何度か訪れたことはあったが、当時もう少し大人だったら常連になりたかったレコード店のひとつだ。立教通りを歩きつつ、老舗の古本店「夏目書房」を覗く。以前はこの裏手にセブンティーンズ・ロックという、いい品揃えの中古レコード屋さんがあった。それ以前、駅からだいぶ離れた商店街の外れで営業された後の移転先。洋楽がメインながら邦楽も充実していて、価格も良心的だった。大のレコード好きで店

※平成30年2月末をもって惜しくも閉店。お世話になりました

を開かれたであろう若いご主人とは一度話をしてみたかったが、その機会はないままで終わってしまったのが悔やまれる。お元気だろうか。

ようやく立教大学に到着。昔から変わらぬキャンパスを歩くと若いエネルギーに溢れていて圧倒される。自分の老いをひしひしと感じる悲しい瞬間だ。今日の確固たる目的のひとつだった**『鈴懸の径』**の歌碑を探す。案内板があるにもかかわらず迷ってしまい、やっとのことで見つけることができた。その横にかなり小ぶりながら鈴懸の並木径は今も存在していた。鈴木章治とリズム・エースの演奏で知られるナンバー、もともとは戦前に灰田勝彦が歌ったヒット曲で、氏は立大のOB。そして立大出身のヒーローといえば、なんといってもミスタージャイアンツ・長嶋茂雄の名が挙げられよう。

40年近く前、「消えた巨人軍」というテレビドラマのロケを大学の正門前でやっているのに遭遇したことがある。出演者のひとり、大坂志郎さんの姿が見えて、石立鉄男のドラマ「雑居時代」のファンとしては嬉しかった（5人姉妹の父親役だった）。ロケ話ではもうひとつ、知遇を得て久しいB級映画の鬼才・河崎実監督の自主映画時代の作品「イキナリ若大将」も、ここを京南大学のキャンパスに見立てて撮影している。ついでに言えばラストのパーティーシーンは、東口にある高村ビル（現在はディスクユニオン池袋店が入っている）の

『鈴懸の径』の歌碑

最上階のホールでの撮影だった。それももう30年以上前の話。何もかも、みな懐かしい……。

立教大学を後にした我々は、裏道を抜けて、西池袋公園のすぐ横にある中古レコード店「ココナッツディスク」に立ち寄る。吉祥寺や石神井公園、代々木（※）にも支店があるこちらのお店は、常に若いスタッフ、内装も垢抜けていてお洒落。以前、2階がレコード専門の売場だった頃は引き出し式のシングル盤の餌箱を隈なく見るのが一苦労であり、かつ愉しい作業でもあった。今は1階にコンパクトにまとめられているので、掘り出し感こそ薄れたが見やすいのはたしか。一角に設けられた書籍コーナーにも時々珍しいものがある。ちなみに並びのカレー屋さん「GARA」も美味でサービスが行き届いておりオススメだ。この辺りはなぜかカレー屋さんが多い。東口のジュンク堂のすぐ横にも店舗のある洋食屋さん「ABC」の西口店もすぐ近く。ハンバーグに生姜焼き、何を食べても旨いのだが、さすがにこの歳になるとライスを小盛にしてもらわないと食後に後悔する。完全に学生向けの名店である。

マルイのある交差点まで戻る。要町通りと交わる道をしばらく直進すると、裏通りに「スナック馬場」がある。オーナーであり、自らを〝狩猟家〟と称する若きレコードコレクターの馬場正道氏が週末の夜だけ開けているミュー

※石神井公園店、代々木店ともに閉店。現在都内にあるのは、池袋、江古田、吉祥寺の3店舗

西池袋公園のすぐ横にあるココナッツディスク

ジックバーで、氏の出張DJの際は閉まっていたりするため、タイミングが合わないとなかなか訪ねられない。しかし店ではオーナーがアジア圏で買い付けてきたレアモノなど、選りすぐりのレコードが最高の音質で聴ける贅沢な空間……なんて、あまり宣伝されるのは好きではないかもしれない。お赦しあれ。ついでにいうと、氏は小平でレコード店兼カフェの「KIKI RECORD」も経営している青年実業家なのだ。あ、また宣伝してしまった。今日は昼間なのでそちらには向かわず、交差点からすぐ、通りの右側に聳える巨大な古いビル「ロサ会館」に寄ることにした。

通りから見えるビルの壁には、〝ボウリング、ビリヤード、レストラン、ディスコ、シアター、テニス、ゲーム〟と付帯施設が分かりやすく記されており、いかにも昭和の風情が醸し出されている。昭和43年創業という娯楽の殿堂、1階にある洋食店「チェック」は、先頃惜しくも鬼籍に入られた東宝の俳優、小泉博さんが経営している店だと、高校時代の先輩から教わった。カウンターの片隅に座っているのを目撃したこともある由。我々の世代には「クイズ・グランプリ」の司会でもお馴染み、見事な銀髪でダンディな俳優さんであった。特撮モノへの出演も多く、「ゴジラ」シリーズの一本「三大怪獣地球最大の決戦」での活躍などが忘れられない。学生時代は毎日池袋に来ていたのにここでボウ

昭和の風情が醸し
出されたロサ会館

リングをした記憶はない。池袋でのボウリングは専ら東口のハイパーレーンだったため。1階エレベーター横にあったボウリングと居酒屋がパックになったプランのチラシが時代を物語っていた。

いつも人で賑わうロマンス通りを抜け、和菓子の三原堂の健在を確認しつつ、北口横の地下通路で東口に向かう。P'PARCOの前を通って路地を入ると、通い慣れた文芸坐への道。今は1階がパチンコ店の綺麗なビルに入っているが、旧建物は風情がある昔ながらの映画館であった。東宝の松林宗恵監督がゲストで来館し、氏がそのほとんどの作品を手がけた「社長」シリーズの特集をオールナイトで観たことを思い出す。学生時代は付帯していた小さな名画座「文芸地下（後に文芸坐2と改称）」の方が常連で、特撮映画の特集などをよく観に行った。小劇場「ル・ピリエ」も懐かしい。映画関連の書籍や資料を揃えていた「しね・ぶてぃっく」にも必ず立ち寄り、古いパンフレットなどを物色したものである。

映画館では近くにあった日勝文化という二番館にも何度か行った。チラシブームの頃、映画チラシを販売するコーナーが設けられていて、よく訪れたのを思い出す。今はビックカメラ池袋本店の大きなビルが建っている辺り。近くの豊島区民センターなどでのレコードフェアを主催している中古レコード店

昭和の映画好きが集まった
名画座「文芸坐」のチラシ

「だるまや」の店舗は前の場所から移転したが、やはりこの近くで盛業中。歌謡曲好きにとっては、時々意外な掘り出し物に出逢える店で、一時期はプロモ盤をずいぶん安く買わせてもらった。

再び駅方面まで戻る。昔はＰＡＲＣＯの中にそれは素晴らしい品揃えのオンステージヤマノという山野楽器が運営するレコード店があり、他店では手に入らないサントラの輸入盤を買ったりしていた。主にロック・ポップスをメインにしつつも、洋楽オンチの自分にとっても十分に楽しめる、実にマニアックでアッパレなラインナップであった。レコード好きの間でここの話を振ると、皆目を輝かせて当時の思い出を語り合うこととなる。後のＷＡＶＥの前身、西武デパート内のディスクポートにもよく行った。オリジナル・レーベルのコンピレーションを出すなど、当時は業界をリードするレコード店だった。堤清二が築いたセゾン文化の成果のひとつである。

東口は駅前の洋菓子店「タカセ」がずっと健在なのも嬉しい。２階のティールームは今も時々利用させてもらっている。なお、店名は人の名前ではなく、創業者の出身地の町名から付けられたとのこと。以前は隣に移転後のレコファン池袋店があったが、上の階に移った後に残念ながら閉めてしまった。並びのビルの４階にはディスクユニオン池袋店があり、オールジャンルを扱っている

どこまでも雑多な池袋。ロマンス通りはディープな街を象徴する

広い店舗だけにいつ行ってもお客さんが多い。大勢の人で賑わうサンシャイン通りはそこからすぐ。通りに入ってしばらく、右方向には今から7年前に姿を消した人世横丁という飲み屋街があった。今も残る美久仁小路とともに、青江三奈**『池袋の夜』**の歌詞にも登場する同地には「グレー」という、ゲイバーの草分け的な店があり、江戸川乱歩や美輪明宏が常連だったという。現在大きなオフィスビルが建っている跡地には、〝あなたの心に横丁がありますか〟と書かれた碑が立てられている。

サンシャイン通りにかつてあったテアトル池袋は、昔の東宝映画のオールナイト上映に足繁く通った。昭和50年頃、「若大将」シリーズのオールナイトで火が付き、加山雄三の再ブームが興ったのもここが発祥だったのだ。ひばり・チエミ・いづみの三人娘の特集上映を観に行った際には雪村いづみがお忍びで来館していて、懐かしげにスクリーンを見つめていらしたが、そんなときに限って途中でフィルムが切れて上映が中断してしまうトラブルがあったことを思い出す。今は池袋HUMAXシネマズとなり、同建物に入っている「ブックオフ」に立ち寄ることが多い。ここのブックオフは、CDとDVDの在庫がなかなか充実しており、訪れた折には棚のチェックに余念がない。

東急ハンズの横はサンシャインシティへの入口。地下通路を進むと噴水広場

昭和53年4月6日に開業したサンシャイン60

が見えてくる。いつもイベントが行われているスポット、この日はアルスマグナという男性グループが歌っていて、女性ファンでいっぱい。すぐそばの催事場では少し前まで定期的に中古レコード市が開かれていて、かつては毎回必ず足を運んでいた。サンシャイン60の開業日には学校帰りに友人たちと訪れ、行列して展望台に上ったことを憶えている。それが昭和53年4月6日という日にちまで明確なのは、キャンディーズ解散コンサートの翌々日だったという記憶が鮮明だからである。何年か前にリニューアルされたサンシャイン水族館（旧サンシャイン国際水族館）は、ラッコやウーパールーパーをスターにしたことで知られる。今度クリオネやピラルクーを見に来たいと思う。

そして今回の散歩の最後は、新星堂のサンシャインシティアルタ店。以前は駅寄りの2階にあったが、いつの間にか1階の少し奥まった場所に移転していた。店の一角はアイドルのイベントが行われるスペースになっており、様々なアイドルグループのポラロイド写真が貼られている。かろうじて維持されているCD産業を、今のアイドルたちが少なからず支えている現状は、新譜を扱うレコード店を訪れる度に実感させられることだ。駅に戻る道すがら、再び噴水広場の横を通った瞬間、今から35年前の9月にここで行われた三原順子のデビュー発表会に参加したことを思い出して胸が熱くなった。（平成27年7月）

1960年代の池袋の夜景、ポストカード
（著者所蔵）

『池袋の夜』
青江三奈
（昭和44年）※コンパクト盤

こちらはコンパクト盤。青江の姿は相変わらず合成だが、バックの東口の風景は同じポジショニングながらも、シングル盤とは異なる写真を使っているのが細やか。

『池袋の夜』
青江三奈
（昭和44年）

池袋の歌といえばダントツで挙げられるのがこちら。ハスキーな歌声は夜の街に似合う。新宿に横浜に長崎……ブルースの歌姫はご当地ソングの女王でもあった。

『ブルー・ナイト池袋』
三浦正弘とアロハ・ブラザーズ
（昭和44年）

後の三浦弘とハニーシックス。一部で有名な『ラリラリ東京』に続いて出されたシングル。これも『池袋の夜』より前の発売だった。クラブ・ソシアルにて撮影。

『池袋ブルース』
聖名川まち
（昭和44年）

ベリーショートのまち姐が歌う池袋の夜。自主盤ながら青江三奈より先に出されているので便乗ソングではない。台詞入りのB面も良。ジャケはなんと2種有。

『黒蜥蜴の唄』
丸山明宏
（昭和43年）

美輪明宏が丸山明宏を名乗っていた頃の一枚。“シスターボーイ”と呼ばれた美少年が足繁く通った人世横丁のバー「グレー」は、沖雅也も常連だったらしい。

『池袋ナイト』
谷俊之と東京ナイツ
（昭和49年）

夜の池袋が歌われたムードコーラスをもう一枚。メイン・ボーカルは女性のすがゆうこ。サックス奏者のリーダー・谷俊之が自ら作曲している。東京出身は2人だけ。

『スシ（鈴懸の径）』
フランキー・カール
（昭和39年）

戦後は鈴木章治とリズム・エースの演奏でヒットした曲を、ムード音楽のフランキー・カールが軽快なピアノでカバー。『スキヤキ』にあやかったタイトルが面白い。

『鈴懸の径』
灰田勝彦
（昭和35年）

兄・灰田有紀彦（灰田晴彦）が作曲し、戦時中の昭和17年に出されたヒット曲の再録音盤。勝彦の母校・立教大学のキャンパスには鈴懸の小径と歌碑が実在する。

『セント・ポール・ウイル・シャイン』
立教グリークラブ
（昭和30年）

六大学野球ではいつも苦杯を喫していた立教だが、この応援歌は有名だろう。グリークラブは大正12年創部以来の伝統を誇る。太郎さんも花子さんもともに歌おう。

『野球小僧は歌う』
灰田勝彦
（昭和39年）※シートブック

昭和26年のヒット『野球小僧』にちなんで、立大の先輩・後輩が夢の顔合わせ。灰田の野球好きは有名。映画「ミスタージャイアンツ 勝利の旗」の紹介ページもある。

『ウーパーダンシング』
ウーパールーパー＆チェイン
（昭和60年）

テレビ番組で紹介されたのをきっかけに人々がサンシャインの水族館に殺到し、ブームが拡大することとなった。作者の尾崎亜美が「パピ」名義で歌う競作盤も。

『ビックカメラCMソング』
（昭和53年）

昭和43年に高崎で創業したビックカメラは、その10年後に東京・池袋に進出した。作詞は創業者の新井隆司。同じ節でヨドバシカメラの歌も歌えちゃいます。

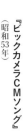

東京レコード散歩
その
9
TOKYO TOWER

東京タワー

今も昔も東京のランドマークである東京タワー。高さが倍近くもあるスカイツリーができようとも、東京タワーの偉容は揺るぎない。麓へ向けてなだらかな弧を描くあの美しいフォルムはいつ見ても惚れ惚れする。東京タワーとスカイツリーなら、自分は断然東京タワー派なのだ。

正式名称は〝日本電波塔〟。電車でのアクセスは様々なアプローチがあるが、今日は東京メトロ日比谷線の神谷町駅から飯倉の交差点経由で向かう。バブルの頃、そこから程近い麻布台のビルが仕事場だった時代があった。霊友会の横の雁木坂の急な階段を当時は軽々と昇ったものだが、今なら途中で休憩しなければ坂の上までたどり着けないだろう。タワーへの道は交差点の逆側。六本木方面を背にして歩くとすぐ目の前に聳《そび》え立っている。近寄るほどに迫力は増し、大きな建造物の存在感に圧倒される。訪れたのは、一昨年の秋、藤子・F・不二雄展を観に来て以来なので、一年半ぶりになる。今は3・4階のフロアが漫画「ワンピース」のアトラクション〝東京ワンピースタワー〟になっていた。

初めて東京タワーへ行ったのは昭和46年だったと思う。両親が商売で忙しかったため、叔母に連れていってもらった。一昨年ついに閉館してしまった蝋人形館にも入ったらしいが、ほとんど記憶にない。同行のT氏はやはり同じ頃に訪れて、三島由紀夫の蝋人形にトラウマを覚えたとのこと。幼い頃の記憶が

昭和33年竣工。正式名称は“日本電波塔”

1970年代の東京タワー、ポストカード
（著者所蔵）

ちゃんとある人は尊敬に値する。自分が記憶力のいい人間だったら、この散歩にもいろいろと役立っていただろう。その次にタワーへ訪れたのは高校生の頃。以降も麓までは何度か行っているが、展望台まで上ったのは高校のときが最後だったと思う。今回30年以上ぶりに高速エレベーターに乗り込んで大展望台を目指す。150メートルの大展望台までは900円、250メートルの特別展望台までで1600円とまずまずリーズナブルなお値段。スカイツリーは料金が高すぎる（令和3年現在、平日のセット券は3100円、日時指定なら2700円で昇れる。休日は割増）のもいただけないのだ。海ほたるのように断固値下げを敢行すべきだろうが、いつも混雑しているようだから今後も強気なんでしょうね。この日は平日ということもあってさほど並ぶこともなくエレベーターに乗るとわずか45秒ほど、あっという間に大展望台に到着した。

「ここは『鬼畜』に出てくるんです」と、新旧の映画をよく観ているT氏が教えてくれる。緒形拳演ずる主人公が幼い娘を置き去りにする悲しいシーンだそう。自分が東京タワー関連の映画で思い出すのはザ・ピーナッツが出演した怪獣映画「モスラ」、そしてなんといっても「南太平洋の若大将」だ。ハワイから日本にやって来た日系人家族を若大将一家が案内するのだが、親子三代それぞれが男女ペアになっていい感じで観光していると、この展望台で偶然鉢合わ

いまも東京を代表する
観光名所

せしてしまって気まずくなるというシーン。ヒロイン・澄ちゃん（星由里子）の恋仇となる若大将のこのときのパートナーはスタイル抜群の前田美波里だった（資生堂ビューティーケイク！）。辺りの様子は当時とほとんど変わらないが、変わったのは望遠鏡がなくなったのと、カフェができてオシャレになっていたこと。望遠鏡は7年前に撤去され、以降は持ち歩ける双眼鏡のレンタルになったそうだ。そして何より変貌したのはガラス越しに眺望する景色であろう。いつの間にか高層ビルがぐんと増えた。昔は霞ヶ関ビルと新宿副都心のビル群、少し遅れての池袋サンシャインくらいだったのに、今はどこまでいってもビルが絶えない。大都市・東京の凄さを今さらながらに実感させられた。

昭和の歌謡曲には東京タワーが歌われたものがたくさんある。開業した昭和33年、まだ名前が決まっていなかったときには、〝テレビ塔〟として登場し、やがて名前が決まってからは東京のシンボルとしてタイトルや歌詞に織り込まれる機会が増えていった。やはり夜の風景が描かれたムード歌謡が目立つ。歌詞には出てこなくてもタワーの姿がジャケットにあしらわれているものも少なくない。今のライトアップも綺麗だが、昭和の頃のシンプルなネオン装飾も風情があって悪くなかったと思ってしまう。タワーの歌はその後しばらくは落ち着いた感があるも、ユーミンが題材にするに及んで、観光名所であるだけでな

変貌したガラス越しに眺望する
東京の景色

く恋愛のアイテムのひとつに昇華したといえそうだ。今の展望台のカフェなど、完全にその方向に向いている。近隣の窓から東京タワーが見える物件は今でもやはり割高なのでありましょうか。

さて、今回いちばん訪れたかった場所は展望台ではなく、土産もの売場なのだった。3階にもオフィシャルショップがあるが、古くからの商店が軒を連ねる2階の一角(※)は最も往時の面影を遺しており、昭和な雰囲気が漂っている。屋号も「ふじ」「タワア商会」「紅葉屋」「タワー冨士」など、歴史を感じさせる名前ばかり。その中の一件で、タワー創業時から店を構える「東竜堂」の女性オーナーに話を聞く。周りの店が2代目に受け継がれてゆく中で、その方はもう56年以上も同じ場所に居続けて店を守っているそうで、開業当時のことを少し話してくださった。昔は絵はがきやスライドが売れ線の商品であったこと、昔のペナントは今やタペストリーにその役目を譲ったことなど。話している横で外国人の観光客が浮世絵の小物を買ってゆくのが愉しい。他の店も覗き、タワーの置物を買って帰ろうと物色すると、どれもが特別展望台の上に円筒形のデジタルアンテナがついてからの代物で、つまりは平成15年以降に作られたものであることが分かる。その中でアンテナ装着前の昭和の東京タワーの形のものをひとつだけ見つけ、迷わずそれを購入。明らかに昭和の売れ残りの

古くからの商店が軒を連ねる
2階のお土産売り場

※令和3年1月をもってリニューアルのため閉鎖

キーホルダーや小物を格安で売っている店もあった。

ダメもとで音盤は売っていないものかと探すも見当たらない。念のため「CDとか音の出るお土産はありませんか?」と聞いてみると、「3階のオフィシャルショップで聞いてみてください」とのこと。一縷の望みを抱きつつ売場へ行ってみると、果たしてその片隅に東京タワーの公認キャラクター**『ノッポンのうた』**のCDが置かれていた。復刻版らしきタワーキャラメルも買い、先ほどのタワーの置物とともに本日の収穫物とする。これで一応レコード散歩の恰好がついた感じ。一階に降り、入口にたなびく333匹の鯉のぼりを見ながら裏手に廻る。かつて東京12チャンネル（現・テレビ東京）の社屋だったスタジオの建物が健在である。今は〝東京タワーメディアセンター〟。ビルの壁には〝東京タワースタジオ〟の文字が掲げられており、昔の〝東京12チャンネル〟の文字跡もうっすらと残っている。天王洲スタジオができるまでは「開運!なんでも鑑定団」や「出没!アド街ック天国」もここで収録していたし、12チャンネル時代には「ヤンヤン歌うスタジオ」や「おはようスタジオ」のオープニングなどでいつもここのエントランスが映っていたのが懐かしい。どこへ行ってもつい昭和遺産を探してしまう好事家にとって、東京タワーは極めつけの聖地なのでありました。（平成27年4月）

東京タワーの公認キャラクター
「ノッポン」

Photo_Suicasmo

「ヤンヤン歌うスタジオ」でよく出てきた
東京タワースタジオ

『たそがれのテレビ塔』
フランク永井
（昭和33年）

『有楽町で逢いましょう』のヒット以降、フランク永井のナンバーには東京の名所が歌われたものが多い。これもいち早く歌われたが、「東京タワー」の名は出てこず。

『テレビ塔音頭』
山下敬二郎、朝丘雪路
（昭和33年）

東京タワーという愛称が決まったのは10月らしいので、その前に作られたか、あるいは規制があったか“テレビ塔”推し。B面『テレビ塔の見える道』もいい。

『東京タワー』
美空ひばり
（昭和34年）

お嬢・ひばりも、開塔の翌年にそのものズバリのタワー讃歌を歌っていた。作詞・野村俊夫、作曲・船村徹による、明るくモダンなナンバー。SP盤時代の末期。

『東京333米』
ミラクル・ヴォイス
（昭和33年）

これが「東京タワー」が歌詞に織り込まれた最初の曲ではなかろうか。3番の歌詞には、パリのエッフェル塔まで登場する。覆面歌手の正体は青山ヨシオだった。

『夜霧のテレビ塔』
原田信夫
（昭和35年）

西田佐知子『アカシアの雨がやむとき』のB面に配されたムード歌謡。原田は後にザ・キャラクターズを結成し、昭和44年には『港町シャンソン』をヒットさせた。

『ブルー・ナイト・トウキョウ』
フォー・コインズ
（昭和34年）

作曲家・三沢郷が在籍したコーラスグループが東京の夜を煌びやかに歌う。これも作曲は船村徹。ディレクターは小説「艶歌の竜」のモデルとなった馬渕玄三。

『東京恋情』
フランク永井
（昭和38年）

北国へ嫁いでゆく元カノへの切ない男心が綴られる、山上路夫の初期作品。作曲はもちろん吉田正。詞にはタワーは登場しないが東京の象徴としてジャケを飾る。

『インファントの娘』
ザ・ピーナッツ
（昭和36年）

東京タワーで繭を作った後、孵化して飛び立つシーンは「モスラ」の名場面。小美人役で出演したザ・ピーナッツがゆったりと歌う。編曲は育ての親の宮川泰。

『東京が呼んでいる』
V.A.
（昭和39年）

『東京ラプソディ』『東京キッド』などタイトルに“東京”が付く流行歌のコンピレーションは東京五輪の年のリリース。表題はこまどり姉妹のナンバーから。

『東京ブルース』
西田佐知子
（昭和39年）

東京オリンピックの年のヒット曲をタイトルに掲げたLP。シングルでは抽象的なイラストだったタワーだが、アルバムでは鮮明な写真に。和服姿が映える。

『東京の夜明け』
コロムビア・シンフォネット
（昭和40年）

これぞイージーリスニング。大編成のオーケストラが奏でるヒット歌謡曲のインストゥルメンタル。『夜明けの歌』が素晴らしい。最高の演奏、最高のジャケ。

『ウナ・セラ・ディ東京～ナイト・クラブ・ベスト・ヒット』牧秀夫とロス・フラミンゴス（昭和40年）

ニューラテンクォーターの専属グループが最新ヒットとスタンダードナンバーをコーラスで聴かせる。東京プリンス+東京タワーの風景は今も変わらず美しい。

『東京』
（昭和42年頃）

約50年前、タワーのお土産売り場で売られていたに違いないピクチャーレコードは、音による東京案内。片面には『お江戸日本橋』と『東京五輪音頭』を収録。

『君といつまでも』
フランク・チャックスフィールド管弦楽団（昭和41年）

ヘリからでないとこの構図は撮れないだろう。俯瞰のタワーを東プリとともにパチリ。弾厚作と浜口庫之助と佐々木勉のヒット曲が詰まったすばらしい選曲のEP盤。

『わんぱく宣言』
志賀正浩
（昭和54年）

'80年代、12チャンネルの顔だった志賀ちゃんが歌う子ども版『関白宣言』。フォー・セインツのメンバーだった氏は今ではすっかりダンディなおじさまになられた。

『闘え！ドラゴン』
子門真人
（昭和49年）

もうなんだかよくわからない構図だが、ドラゴンが強いことは窺える。ブルース・リー人気に乗じた空手アクション・ドラマは倉田保昭主演。B面で自ら歌も披露。

『手のひらの東京タワー』
松任谷由実
（昭和56年）

アルバム『昨晩お会いしましょう』所収。同盤には神戸ポートタワーが歌われた『タワー・サイド・メモリー』も。提供された石川セリもアルバムで歌っている。

『哀愁の東京タワー』
遠藤賢司
（昭和54年）

アルバム『東京ワッショイ』からのシングル・カットで『続東京ワッショイ』のB面。富士山や新幹線などがコラージュされたジャケットのデザインは横尾忠則。

『東京タワーの歌』
寒空はだか
（平成9年）

映画や音楽にも造詣が深いスタンダップコメディアンによるナンバー。京都タワーや横浜マリンタワーも登場する。『スカイツリー音頭』も歌う“両塔づかい”。

『ふたりの東京』
小松みどり・逢川まもる
（昭和57年）

中山大三郎作詞、美樹克彦作曲。大ヒットしても不思議じゃなかったデュエット・ムード。軽快なB面『夜のエトランゼ』は『もしかしてPARTⅡ』を彷彿させる。

『東京タワー』
HEARTS♥
（平成16年）

NHKのBS番組「おーい、ニッポン」から生まれたオリジナル・ソングの東京都篇。秋元康作詞、後藤次利作曲。後にものまねタレントとなる鈴木麻由もコーラスに参加。

『東京タワー』
フラワーカンパニーズ
（平成15年）

『ダイナマイト・ブルース』などが収められたアルバムのタイトル曲。下から見上げたタワーのビジュアルが鮮烈。東京タワーはいつだって僕らに勇気をくれる。

『ノッポンのうた』
長谷川うらん
（平成26年）

開業55周年記念式典の際に発表され、半年後に限定500枚で発売になった。ノッポンは40周年を記念して誕生したイメージキャラクター。双子の兄弟である。

『東京タワー』
石野真子
（平成20年）

開業50周年を記念して作られた公式応援ソング。作詞及びジャケットのイラストを326（ミツル）が手がけた。ボサノバのリズムに乗って歌う大人の真子ちゃん。

東京レコード散歩
その
10
UENO

上野

東京の北の玄関口である上野は、正直オシャレさは皆無といってよさそう。しかしなんでもオシャレでカッコよければよいというものではないだろう。大正漢方胃腸薬のCMで「食べる前に飲む！」と叫ぶのは小栗旬よりも田中邦衛の方が説得力があるように、東京も青山や六本木みたいな街ばかりでは味気なく、上野のような大衆的な繁華街があってこそ面白い。

昔からさほど街並みは変わっていないが、10年ほど前、西郷口にあった上野東宝などの昔からあった映画館が閉館してしまったのと、その並びのレストラン「聚楽」の旧館が見られなくなったのは残念。地下の松竹ビデオショップ跡で営業していた古本屋の集合体もなくなってしまった。西郷さんの銅像はすぐ目の前、そこから桜の名所である上野公園や不忍池、そして美術館や動物園へと連なる不動の人気スポットについては今回はパスさせてもらい、アメ横から広小路にかけての一帯を歩くことにする。ただし、上野動物園の名物といえるパンダについてはここで記しておかなければ。昭和47年、日中国交正常化の証しとして中国からやってきたパンダ、雄のカンカンと雌のランランはたちまち国民の人気者となり、本や文房具や玩具などが大量に販売された。そしてレコードもたくさん作られたのだ。パンダ関連のレコードを集めるコレクターは多く、今も市場では人気が高い。こちらのページではその一部を紹介するが、

昭和の映画やテレビドラマのロケ地としてよく使われた西郷さんの銅像

開園は明治15年。日本の動物園では最も古い上野動物園

実際はこの5倍ほど存在しているだろう。

さて、今回の散歩は昭和26年に製作されたという、JR中央改札口の大きな壁画前からスタート。猪熊弦一郎作の「自由」と題されたその絵は、もう60年以上も同じ場所から北の旅人たちを見つめつづけてきた。マルイ側、広小路口の広場にある**『あゝ上野駅』**の歌碑は平成15年建立とまだ新しく、平成25年には上野駅開業130周年を記念して13番ホームの発車ベルにも採用された。集団就職の時代を象徴する歌として昭和39年に出された井沢八郎『あゝ上野駅』は当時の若者を大いに勇気づけ、思い出の一曲に挙げる人も多い。後年、井沢が亡くなったとき、愛娘の工藤夕貴が「『ああ上野駅』は私が歌い継ぎます!」と力強く宣言していたから、そろそろ是非トライしていただきたい。松たか子が父・松本幸四郎の市川染五郎時代のヒット曲**『野バラ咲く路』**をしっかりカバーしているように。集団就職が盛んだった時代が再現された大ヒット映画「ALWAYS三丁目の夕日」(平成17年)にも上野駅が登場し、駅舎の精巧なミニチュアが効果的に使われていた。東宝のかつての人気喜劇映画「駅前」シリーズのきっかけとなった「駅前旅館」も上野が舞台で、まさに「ALWAYS」の第1作で描かれた昭和33年に公開された作品である。最初は井伏鱒二原作の文芸映画だったものが、タイトルに〝喜劇〟と冠されてシリーズ化され、

昭和26年に製作された
JR中央改札口の大壁画

再び豊田四郎監督がメガホンをとった第21作「喜劇 駅前百年」（昭和42年）でも、上野の旅館が舞台となっていた。

広い横断歩道を渡ったところにある玩具のヤマシロヤは、特に用事がなくても前を通るとつい入ってしまう店。今日もフラッと立ち寄って地下へ降りると、最近のヒット作である「コップのフチ子さん」がズラリと並んだコーナーが目に飛び込んできた。ほかには懐かしいキャラクター商品も多数展開されており、ここらのターゲットは明らかに子どもではなく大人であろう。一時期、ここでずいぶん東宝怪獣やウルトラ怪獣のソフトビニール人形を買い込んだ。自分が子どもの頃にあったのよりもかなり精巧に作られているそれらの人形を部屋に飾る趣味は、その後〝フィギュア〟という言葉が一般的になったことで、オタク色が少し薄れたことを有難く思う。そこからほど近い蓄晃堂は昔からある中古レコード店。ここでは当時発売中止になったザ・フォーク・クルセダーズの「イムジン河」が500円くらいで売っていたのをスルーしてしまった苦い思い出がある。もう四半世紀以上前の話だが、あまりにも無知でありました。ちなみに次にとある店で出くわしたときにはその100倍以上の値がついていた。この日は久々に物色するも残念ながら買い物はなく店を出る。

年の瀬ということもあって、いつも以上に賑わうアメ横を歩く。ここの風景は

上野の中古レコード屋といえば
蓄晃堂

最近ケバブ屋が増えた以外、さほど変わりはない。奇跡的に残る古い佇まいの喫茶店「丘」を訪ねたら、平日の昼間にもかかわらずシャッターが下りていて心配になった。純喫茶好きの間では有名な老舗、できる限り営業を続けてほしい（※）。

最近では久しぶりにハマったＮＨＫの朝ドラ「あまちゃん」のロケ地、アメ横センタービルの前で撮影タイム。ケバブ屋が増えたのは「あまちゃん」に登場する「まめぶ対ケバブ」のエピソードの影響も大きそう（そんなことはないか）。その後、これまた久々にのぞいた雑貨店「ガラクタ貿易」で、この日ここまで何も買っていなかった反動からか、ＢＩＧ ＢＯＹのハンバーガー人形を衝動買いしてしまった。家にあるカーネルサンダースの人形と並べて飾ろう。付近の音盤屋さんではもう一軒、ミリタリー専門の中田商店の並びにある演歌系ＣＤショップ「リズム」がある。間口一軒の小さな店ながらも、宣伝用の等身大パネルが高いところに並べられたりして、相変わらずの存在感を放っていた。店内に並べられたカセットテープを見て妙に安心する。

アメ横を抜けるとＪＲ御徒町駅。御徒町という町名は『あゝ上野駅』がヒットした昭和39年に廃止されたが、駅名として残り現在に至る。駅前のデパート「吉池」のビルは最近建て替えられて綺麗になったが、以前の建物も昭和の風情があってよかった。中にはたしか寄席もあったはず。地下鉄銀座線の上野広

※昭和39年創業の「丘」は今も営業中。38年創業の「古城」、45年創業の「王城」も健在。上野は純喫茶の街

朝ドラ「あまちゃん」で有名になったアメ横センタービル

小路駅がある西側はさらなる賑わい。松坂屋から中央通りを挟んだ向かいの裏手にある老舗のとんかつ店「井泉」を目指す。以前その屋号で多くの支店を展開していた系列の店は表参道の本店をはじめ、みな「まい泉」となったが、元祖は今なお健在である。久しぶりなので道に迷っていたところ、たまたま声をかけてきたキャバクラの店員さんに道を尋ねると、「美味しいですよねー。私も月に一度は食べに行きますよ」と親切に案内してくれる。ゴージャス松野似のいかにもベテランのお兄さんに教えられた通りに歩くと、ほどなく店へ辿り着いた。ここは川島雄三監督が昭和38年に撮った「喜劇 とんかつ一代」のモデルになった店で、映画も上野界隈を舞台に展開される。以前、大井町にあった名画座「大井武蔵野館」で知人と一緒に同作品を初めて観た後、わざわざ足を延ばしてとんかつを食べにきたことがあった。今回は時間の都合で店には入れなかったので近々にまた足を運ばなければ。森繁久彌が歌う映画の挿入歌**『とんかつの唄』**は独特の節回しで、一度聴いたら忘れられない不思議な歌。映画を観て以来ずっと探していたこのレコードは、その昔、先ほど寄った畜光堂で入手することができたと記憶する。いわゆるご当地ソングの類いは、その地元の中古レコード店に出現する確率が高いという実例である。その割にはパンダ関連のレコードをこの地で買った記憶はなぜかないのだが。（平成26年12月）

「男はつらいよ 寅次郎頑張れ!」で中村雅俊と大竹しのぶがデートをする不忍池

『あゝ上野駅』
井沢八郎
（昭和39年）

上野といえば、東京のご当地ソングでも五指に入るこの歌。集団就職の時代は映画「ALWAYS 三丁目の夕日」にも活写された。台詞入りとなしの2バージョン有。

『ああ上野駅』
井沢八郎
（昭和60年）※新装盤

東北・上越新幹線の上野駅が開業した際の記念盤。オリジナルのモノラル音源に疑似ステレオ化が施された。タイトル表記が『あゝ』から『ああ』に変わっている。

『上野駅から』
新川二郎
（昭和39年）

東京オリンピックの年、『ああ上野駅』のほかにもう一曲上野を掲げた歌が生まれていた。こちらは故郷へ舞い戻る悲しい歌。『東京の灯よいつまでも』のヒット後。

『とんかつの唄』
森繁久弥
（昭和38年）

川島雄三監督「喜劇 とんかつ一代」挿入歌。B面はフランキー堺。映画の舞台となるとんかつ店のモデルは「井泉」だった。後年、細野晴臣と鈴木慶一がカバー。

『不忍ブルース』
渡るり子
（昭和43年）

新宿を追われ、銀座で拗ねた主人公が行き着いた先は上野だった。歌の内容と不釣り合いな明るいポージングが気になってしまう。カップリングは『浅草ブルース』。

『暦の上ではディセンバー』
アメ横女学園芸能コース
（平成25年）

NHKの朝ドラ「あまちゃん」から生まれた劇中歌。AKBの秋葉原に対抗して、上野アメ横が本拠地という設定だった。『あまちゃん歌のアルバム』の同梱ジャケ。

『パンダちゃん音頭』
ひまわりキティーズ
（昭和47年）

『老人と子供のポルカ』で左卜全と共演したひまわりキティーズが歌うパンダもの。作曲の早川博二も一緒。言葉遊びに長けた伊藤アキラの詞のセンスはさすがだ。

『パンダのロック』石崎恵美子とチャーム・チャーム・ガールズ
（昭和46年）

「巨泉×前武 ゲバゲバ90分!」などタレントとして活躍していた石崎恵美子が歌うキッズ歌謡はグルーヴィー。今のアイドル・グループがカバーしてもイケそうな佳曲。

『ランランちゃんカンカンちゃん』
坂本秀明、サカモト児童合唱団
（昭和48年）

B面の『ジャイアントパンダの歌』とともにサトウハチローが作詞し、童謡の類いに属する。作曲は『月光仮面』の小川寛興。デフォルメされたイラストがかわいい。

『パンパカパンダ』
小松方正
（昭和47年）

キャンディーズを手がける以前の穂口雄右ワークス。強面俳優とかわいいパンダのギャップに萌える。パンダの歌に「〜ゲバゲバ90分!」の面子が多いのはなぜ?

『かわいいパンダ』
キャロライン洋子
（昭和48年）

数あるパンダレコードの中でもキューティー&ファンシーな人気盤。これも作曲は小林亜星。キャロライン洋子には『ゲバゲバおじさん』というシングルもある。

『ぼくはパンダだ!』
グリーン・ブライト
（昭和48年）

小林亜星とボブ佐久間の作曲・編曲コンビによるキャッチーな作品はパンダ目線で歌われた一曲。収益の一部はWWF（=世界野生生物基金※当時）に寄付された。

東京レコード散歩
その
11
ASAKUSA

浅草

学生時代、浅草へ行くいちばんの目的は六区の映画街にあった浅草東宝で土曜夜に催されていたオールナイト上映だった。銀座線田原町駅からのアプローチ。「ぴあ」を忘れずに持参して切符売場で割引料金を払い、入口へと連なるエスカレーターを昇る。かなり年季の入った〝明るく楽しい東宝映画〟の看板を見ながら館内へ入ると、広いホールの奥に巨大スクリーンが控えていた。上映中に平気で煙草を吸うジジイはいるし、冬は暖をとりに来るのが目的で映画には目もくれない連中もたくさん。壊れてバネがむき出しになっている席もあるくたびれたイスはすぐお尻が痛くなるし、色褪せたフィルムも当たり前という劣悪な環境であったにもかかわらず足繁く通ったのは、大きなスクリーンを通じて昭和30〜40年代の映画黄金期の残り香を体感したかったからだと思う。当時は映画を観終わってから明け方の六区で牛丼を食して帰り、ちょっと仮眠すれば日曜日も活動できる若さがあった。今ならたとえ徹夜できたとしても、翌日は使いものにならないだろう。

その浅草東宝も姿を消して久しく、さらにその先の向かいにあった浅草中映や浅草名画座などの名画座群も平成24年に閉館してしまい、浅草で映画を観る機会はなくなってしまったが、寄席の浅草演芸ホールや、ストリップ劇場の浅草ロック座は今も営業中。演芸ホールの4階にある東洋館はかつてストリップ

ドラマ「タイガー&ドラゴン」でも
おなじみの浅草演芸ホール

劇場「浅草フランス座」として開業し、永井荷風が通っていたことでも有名。合間に演じられる軽演劇やコントが評判となって生まれた「東洋劇場」は、渥美清、東八郎、コント55号、そしてビートたけしに至るまで多くのコメディアンを輩出した。その頃の賑わいには及ばないだろうが、久しぶりに歩く六区がそれなりの活気を取り戻していたのに少し安堵した。

雷門通りに戻り、大正元年創業という歴史あるレコード店「音のヨーロー堂」に立ち寄る。相変わらず歌謡曲が充実している。演歌好きでこちらの四代目ご主人・松永さんを知らなければモグリだろう。キャラが強いのは元役者さんと聞いて納得。浅草にはもう一軒、やはり演歌を主とする宮田レコード店が有名で、カセットテープや他店で品切れになったCDを探すのにオススメ。中古盤も扱っていて意外な掘り出し物も多く、昔はよく棚を漁ったものだった。

現在の雷門は昭和35年に再建されたもので、大提灯は平成25年に新調されたばかりとのこと。今日も外国人観光客で賑わっている仲見世通りを歩いて浅草寺の境内へ。最も寺寄りにある人形焼店は仲見世で最も古いお店らしく、浅草生まれの祖父の代からウチでも人形焼といえばたいていここで買っている。自分が子どもの頃に亡くなってしまった父方の祖父は芸能好きで、笠置シヅ子の追っかけをしていたらしい。自分は絶対この祖父の血を引いていると思う。仲

昼も夜も大賑わいの
仲見世通り

昭和の浅草寺のポストカード
（著者所蔵）

見世通りと並行する裏道に入り、今半別館の玄関前をカメラに収める。浅草にいくつかの店舗がある老舗すき焼き店は同族経営で、中でも粋な佇まいの別館は、加山雄三主演の映画「海の若大将」や「アルプスの若大将」で実家のすき焼き店「田能久」としてロケーション撮影に使われた、ファンにとっての聖地である。そもそも麻布に店を構える設定なのだが、古澤憲吾という奇才の監督作品のときだけ浅草になったのはどんなこだわりがあったのだろうか。50年前と変わらない玄関のアプローチはいつ見ても感動する。最近、「若大将のゆうゆう散歩」で加山がここを訪れ、「若大将、お帰りなさい」と迎えられていた。無論当時撮影に立ち会った方ではないだろうが、なかなか粋なことを言う。

　再び仲見世通りを寺を背にして歩き、しばらく行って右折すると、プロマイドのマルベル堂がある。最近ではイベントなどの各種コラボレーションも活発で、自費でプロマイドを作ってもらうこともできる。標準サイズより一回り大きい2Lカラー版のキャンディーズを4枚選んでレジへ持ってゆくと、「キャンディーズは全カットが載っている本も出ていますよ」とお姉さんが親切に教えてくださったが、もちろんその本はすでに持っている。やっぱり現物が欲しいのであります。浅草公会堂前のスターの手形をチェックした後、そろそろ疲れてきたので、ケーキの美味しい喫茶店「アンヂェラス」で一休みしようとし

演歌中心の老舗レコード屋、
宮田レコード

浅草といえば
プロマイドの
マルベル堂

たら、運悪くこの日は定休日であった。サバランとロールケーキを頬張る態勢だったのに……。心から満足できるケーキを食べさせてくれる、都内でも有数の名店。近々リベンジせねば（※）。

アンヂェラスの前の路地からスカイツリーを抜群な姿で眺望できるポイントがあって、この日も外国人観光客がカメラを向けていた。平成20年に着工されたスカイツリーがだんだん高くなってゆく様を見るのは、リアルＡＬＷＡＹＳといった感じでちょっと楽しかった。前年に、それまでの仮に呼ばれていた「新東京タワー」の名称が一般公募された際には、自分も一票を投じた。意外と少なかった応募総数１万７４２９件の中から絞り込まれた最終候補の中には残念ながら自分の案は採用されず、この年の６月に正式名称「東京スカイツリー」が発表されると違和感は拭えなかったものの、慣れれば何ということはない。むしろ、最後の６つに残った「東京ＥＤＯタワー」や「ゆめみやぐら」にならなくて本当に良かった。

平成24年のグランドオープン後、商業施設のソラマチは覗きに行きつつも、展望台には未だ登っていない。料金が高額ということもあるし、なにより開業直後は混み過ぎていて、行列嫌いには無理だった。そのうち機会が訪れるだろう。その代わりというのもどうかと思うが、スカイツリーが歌われたＣＤ集め

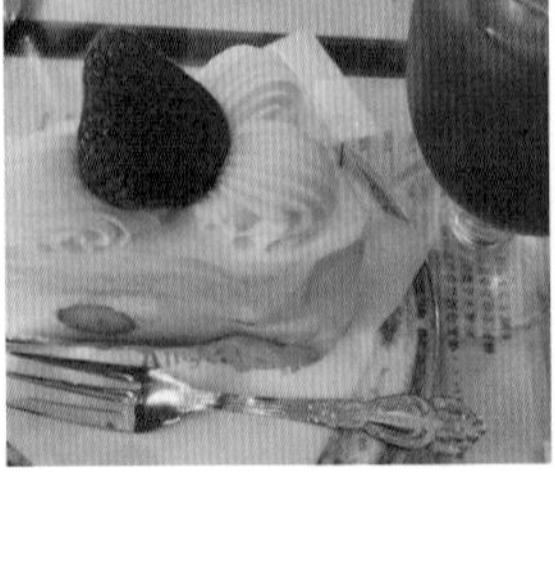

※建物の老朽化にともない平成31年3月に閉店。多くのファンが別れを惜しんだ

仲見世を外れた路地からスカイツリーを望む

には余念がない。有名ベテラン歌手から、名前を全然聞いたことのない歌手の自主盤まで、スカイツリーの歌は見つけると片っ端から買っている。中古盤漁りの楽しさとは別に、現行商品をリアルタイムで押さえておくことも、アーカイヴァーの大切な務めなのだ。さすがに店頭で見つけるのは難しく、こういう時こそネットの有難みを痛感させられる。今後もプレミアがつくとは考えづらいからこそ、一旦廃盤になったら探すのは超困難に違いない。コレクションで自慢できるものは少ないが、スカイツリーの音盤だけは誰にも負けないと自負している（果たして自慢になるのか？）。

広い国際通りに出て、ミュージックハウス　ヨシダがまだ盛業中なのを確認しつつ、田原町に向かって歩く。ヨシダはCD時代になってもしばらく新品アナログレコードの在庫を扱っていた有難い店のひとつで、何度か買いに来たことがあった。こういう街のレコード屋さんが健在なのは本当に嬉しい。田原町駅へ降りる階段のすぐ手前にある、素朴な佇まいの食堂「花家」を今回の散歩の終着点とする。昭和20年創業というこちらのメインはお持ち帰りも可能なやきそば350円。サイダー、コーラ、ジュースは200円という安さなり。山手方面にはあまりない店。やきそばとサイダーを注文し、同行のT氏と共に街歩きの疲れを癒した後、銀座線の人となった。（平成27年1月）

国際通りのCDショップ、ミュージックハウス
ヨシダ

これぞ昭和の味、
花家のやきそば

『浅草姉妹』
こまどり姉妹
（昭和53年）※再発盤

デビュー曲と『浅草の鳩ポッポ』をカップリングした新装盤は雷門で新たにジャケット撮影。『浅草姉妹』は昭和35年に日活で映画化され、こまどり姉妹も出演した。

『浅草の鳩ポッポ』
こまどり姉妹
（昭和36年）

北海道から上京して浅草で流しをしていたふたり。昭和34年のデビュー曲も「浅草姉妹」だった。名物・人形焼にも鳩型は欠かせない。豆が欲しいか、そらやるぞ。

『あさくさ小唄』
山本真由美
（昭和42年）

こちらも浅草寺境内で撮影。『東京かっぽれ』などのお座敷系歌謡や民謡を唄っていた山本真由美姐さんが浅草を唄う。B面『幸福ヨン』の“ヨン”がいい感じ。

『浅草物語』
藤島桓夫
（昭和36年）

「月の法善寺横丁」のオブさんは大阪出身だけに西の歌が多いが、東の歌も唄っている。浅草寺で撮影されたジャケット写真には山号“金龍山”の文字が見える。

『浅草の女』
関 敬六
（昭和53年）

ポンシュウの浅草ソングをもう一枚。六区の映画街をバックにおどけたポーズ。よく見ると提灯に「男はつらいよ」の文字が。B面は古賀メロディーのカバー。

『浅草の唄』
関 敬六
（昭和45年）

シミキンこと清水金一主演の映画「浅草の坊ちゃん」の主題歌として昭和22年に藤山一郎が録音した。歌い継いだ関は「男はつらいよ」のポンシュウ役で有名。

『浅草キッド』ビートたけし（昭和62年）

エノケン〜渥美〜欽ちゃんと連なる浅草の喜劇人の系譜を最後に受け継いだビートたけしが下積み時代を唄った自作のバラード。笑芸人の歌は何故か物哀しい。

『浅草日記』渥美 清（昭和52年）

「男はつらいよ」と同様、星野哲郎の詞にはペーソスが溢れる。フランス座に在籍した渥美も浅草出身の喜劇人のひとり。『チンガラホケキョーの唄』も浅草の歌。

『夜空のスカイツリー』西郷輝彦（平成23年）

ベテラン・西郷輝彦も逸早くスカイツリーの歌に参戦した。92枚目のシングルにあたる「オリオン急行」のカップリング。人生の歩みをかみしめる大人のための歌。

『スカイツリーは雲の上』さくらまや（平成22年）

平成24年に開業したスカイツリーだが、歌は先行してリリースされた。メジャーで先陣を切ったのはさくらまや。10歳でデビューした彼女が12歳のときの歌唱。

『スカイツリーで逢いましょう！』心奏（平成25年）

心奏と書いて“ララ”と読む。音大出身でヴァイオリンを弾きながら歌う美人シンガー。スカイツリーの歌では後発ながら、墨田区商店街連合会推薦のお墨付き。

『東京スカイツリー音頭』相原ひろ子（平成23年）

やはり音頭は必須。前年の自主制作盤から全国発売に至った。相原はキング三橋少年民謡隊出身。舞踏歌謡界のNo.1ながらスタンダードもレパートリーとのこと。

東京レコード散歩 その 12

KINSHICHO

錦糸町

東京の西側で生まれ育った私は東側の街にはとんと疎い。今回訪ねた錦糸町も幼い頃には未知の土地で、30年ほど前に楽天地へ行ったのが最初。さらに20年くらい前には、現在はリヴィンとなっている、かつての錦糸町西武へ映画の催事のために訪れた。その後またしばらくご無沙汰してしまい、今回は何年ぶりだろう。通算でもまだ4〜5回くらいしか訪れたことがない街なのですっかり不安になっていたところに朗報が！ 知人の女性プロデューサーのHさんが地元ということで、急遽駆け付けてくれることになった。これは心強い味方だ。

駅改札で合流した我々は、まず駅前にあるセキネ楽器店を訪ねる。このコラムを読んでくださっている楽天地に長年お勤めの年長の知人が先回りして、店のご主人に話をしてあるとのこと。そもそも今回錦糸町を訪れたのはその連絡をいただいたのがきっかけとなった。若いご主人は三代目だそうで、創業65年になるそうである。看板通りそもそもは楽器屋さんだが、現在は音楽ソフト、それも演歌に主軸が置かれている。決して広くはない店内ながら、駅前の好立地ゆえ、毎日のように演歌系の歌手がキャンペーンに訪れて店頭で歌う。壁にはベテランから新人まで、思いつく限りの現役演歌歌手のポラが貼られていた。さらに壮観なのは奥の壁一面に並んだ夥しい数のミュージックテープ。年

創業65年の老舗レコード店
「セキネ楽器店」

配の方はCDプレーヤーをお持ちでないという。CD不況が嘆かれる昨今、一方では全く別次元の市場が形成されているのだ。CDが売れないとか、最近またカセットテープが熱いなどと騒いでいるうちは、まだまだヒヨッコなのかもしれない。何か買うものはないかと物色した結果、カセットでしか持っていなかった**『東京スカイツリー音頭』**があったのでこの機会に買っておいた。この地域には老舗のレコード店がいくつも残っているのが心強い。隣町の亀戸にも古くから営業を続ける天盛堂（※）が健在である。

セキネ楽器店のご主人に礼を言って店を出ると、隣は魚屋さんというのがいかにも下町らしい。魚寅という店は京葉道路を渡ったところにも別店舗があり、いずれも昼間から繁盛している。美味しそうな切り身が目に入ったが、さすがに鮮魚を何時間も持ち歩くわけにはいかないので我慢する。すぐ横のマルイはこの辺りでは古株に属する商業施設のひとつであろう。歩道橋を渡って楽天地ビルに向かう。初めてここに来たときはまだ建て替え前のビルだった。何かのイベントで古い映画のポスターが販売されると聞いて遥々買いに来たのを憶えている。今ではとても綺麗になったが、入口にある〝楽天地〟の文字が古い東宝のポスターにデザインされていた五線譜で囲まれているのが昭和っぽくていい。そう、ここはかつて阪急東宝グループを創設した大事業主・小林一三

※令和3年1月をもって、惜しまれつつ閉店した

昭和12年に誕生した楽天地。昭和30年代は大型キャバレー「グランド・フォンテン」が人気

の発案によって昭和12年に誕生した娯楽の殿堂であったのだ。メインの江東劇場は映画と実演の定期興行が都内で最初に実施された映画館だそうで、美空ひばりや田端義夫をはじめ、多くのスターがステージでショーを繰り広げた。戦後はさらに発展を遂げ、昭和31年には天然温泉、昭和35年には店内に噴水を擁した大型キャバレー「グランド・フォンテン」、昭和39年にはボウリング場と、高度経済成長の波に乗って隆盛を極めたという。名称も昭和36年に江東楽天地から東京楽天地に改められている。今はキャバレーもボウリング場も跡形もないけれども、もっと早く生まれていたら、グランド・フォンテンにはぜひとも行ってみたかった。しかし今は今で昭和の頃とはまた違う歓楽街が栄えているのだから、機会を改めてまた来なければ。錦糸町は夜の顔も面白いに決まっている。

線路をくぐって駅の北側へ。右手にあるロッテシティ（旧・ロッテ会館）を過ぎるとすぐに錦糸公園が見えてくる。野球場、テニスコート、体育館も備えた大きな公園は、地元の方たちの憩いの場として快適そう。再び駅の方へ戻ると、バスターミナルにすみだトリフォニーホールの案内があり、この日は安田姉妹（安田祥子・由紀さおり）のコンサート告知が掲示されていた。そのすぐ前のショッピングビルのアルカキットに入っている新星堂へ行ってみると、こ

入口にある“楽天地”の文字。五線譜で囲まれたデザインが昭和っぽい

のご時世にもかかわらず十分な広さの売り場であった。向かいには大きな書店も。公園と小学校に挟まれた区域をぐるぐると廻った後、前に一度訪ねたことのある珈琲専門店「トミィ」へ。昼下がりの時間、我々のあとにも次々にお客さんがやって来て、しばらくすると満席になった。サイフォンコーヒーとホットケーキのお店なのでもちろんホットケーキをいただいて一休みする。甘すぎず素朴な味にホッとした。決してシャレではない。

そういえばこの近くだったろうか、以前、件の楽天地の知人に連れて行ってもらったバーに、ラテンの先生と呼ばれている方がいて、陽気なドン・カミロという感じの特徴ある風貌でぐいぐいと絡まれた後、いただいた名刺には〝カルロス大島（大島四郎）〟の名が。その字面になんとなく見覚えがあると思ったら、梓みちよ**『だけど愛してる』**や、ロス・インディオス**『アディオス東京』**などを作られた大ベテランの先生で驚いたことがある。もう10年くらい前になると思うが、今もお元気だろうか。やはりその頃行った駅南のライブ・レストラン「38」は、元ザ・サベージの渡辺昌宏さんがプロデュースされていて、来訪時にはワイルド・ワンズの島英二さんらと一緒のステージを観た。現在は同じようにオールディーズを聴かせるヒューズボックスとして盛業中のようだ。錦糸町は音楽偏差値の高い街であった。（平成27年5月）

歩道橋からの眺め。JRのホームの右に「ロッテシティ」（旧ロッテ会館）

『楽天地ブルース』
大島ひろみ
（昭和44年）

奄美出身の大島ひろみは昭和41年にビクターから島唄でデビュー。ポリドール移籍後は、『夜の谷間のブルース』など、女版・森進一といった趣の曲多し。

『錦糸町ブルース』
三島敏夫とそのグループ
（昭和44年）

松浦ヤスノブのテナーサックスに乗せて歌われるムード・コーラス。カップリングは九条万里子がオリジナルの『すすきのブルース』。三島はマヒナの初期メンバー。

『夜の錦糸町』
恵美寿 透
（昭和45年）

楽天地とロッテ会館の夜景が鮮やかな半世紀前の錦糸町。カスタム盤ならではの風情が漂う。地元出身のローカル歌手？錦糸町と恵比寿のギャップ感が堪らない

『だけど愛してる』
梓 みちよ
（昭和44年）

ヒットした『渚のセニョリーナ』以降、ラテン風味の歌謡ポップスを展開していた頃の一枚。作曲のカルロス大島こと大島四郎は江戸博でコンサートを開いている。

『はしご酒』
藤 圭子
（昭和50年）

藤圭子といえば新宿のイメージだが、デビュー前は、錦糸町で流しをしたこともあるという。亀戸〜平井〜小岩〜押上〜金町、下町を巡る“恋のぶらり途中下車”。

『錦糸町の女』
かしまちかこ
（昭和48年）

コロムビアの“PES”品番は自主盤。地元で活動していた歌手だろうか。尽くした挙句、男にフラれてしまった女の嘆きぶし。B面は故郷が偲ばれる。茨城出身？

東京レコード散歩 その 13 AKIHABARA

秋葉原

秋葉原はここ十数年で街の様相も、訪れる人の種類も、最も変貌を遂げたであろう街のひとつ。実家が須田町の交差点近くで商売を営んでいたこともあって子どもの時分から頻繁に訪れていたが、当時は電気街と交通博物館と「肉の万世」しかないくらいの印象で、今ほどの賑わいはまだなかった。あの頃、電気街の店はどこも正直あまり店員さんの態度が良いとはいえず、中学生のときに駅前の○○無線でラジカセを物色していると、「今日は何？ ラジカセ？ いくら持ってきたの？」とあまり品性のよろしくなさそうな店員に高圧的に話しかけられて閉口した憶えがある。いくら中坊相手でもそれはないじゃないか。もちろんそんな店ばかりではなく、中でも特に店員さんの応対が丁寧で、安心して買物できた店の代表が石丸電気（現・エディオン）なのであった。そしてここは素晴らしく在庫の充実したレコード売場を備えていたのだ。

この地を舞台にした歌はＡＫＢ48の登場以降、現在の電脳シティと化してからは少なくないものの、昭和ではほとんど見当たらない。よって今回は懐かしき石丸電気の思い出を中心に綴らせていただく。まずはＪＲ秋葉原駅の電気街口から散歩をスタート。現在のアトレの場所には庶民的なアキハバラデパートがあった。戦後の闇市に始まるマーケットから発展した駅ビルが閉店してもう10年近くになるだろうか。入口の前でいつも実演販売をやっていたのが懐かし

昔の秋葉原を感じさせる
秋葉原電波会館

い。昔からあるラジオ会館は綺麗なビルに様変わりして今も健在。駅の反対側には巨大なヨドバシカメラやＡＫＢカフェ（※）などがあるが今回はパスして、いわゆる電気街のメインストリートである中央通りに出て少し歩く。家電量販店は統合・吸収など再編の波著しく、長い間あった〝世界の照明 ヤマギワ〟の看板も失くなって久しい。裏通りだけでなく、今や表通りにもメイドカフェの案内嬢がいっぱい。何度か手入れを受けたＪＫリフレやＪＫお散歩の類いの客引きはさすがにいないようだ。道を歩いていてこれほど若い女子が声をかけてくれる街は他にないのだが、メイド喫茶はどうも苦手。しかし最近はちゃんと美人を揃えたスタイリッシュなカフェなども出現しているらしく、チェックする必要がありそうだ。最近、この街で利用したのはヒトカラ、つまりひとりカラオケ専用の店で、完全に個々でブースに入って歌うシステムがレコーディングみたいで画期的。最初はちょっと抵抗があったものの慣れると快適でクセになる。誰にも気兼ねすることなく、好きな曲を好きなだけ歌えるこの姿こそがカラオケの究極の進化形なのかもしれない。

　ＡＫＢ劇場が入っているドン・キホーテの少し先、末広町の手前まで行き、道路を渡って戻ってくる。大通りから右に曲がり、メイド喫茶が集中する辺りには、かつては石丸電気の本店やヤマギワのソフト館、リバティなどのＣＤ

21世紀以降の秋葉原といえば
AKB48劇場

※令和元年いっぱいで閉店。約8年間の営業だった

ショップがたくさんあり、特にヤマギワは廃盤CDの店頭在庫が充実していたのでずいぶんと世話になった。ハードの導入が遅かったために買い損ねていたナイアガラの初期のCD（ソニー特有の薄型で折れるタイプのケース）などは他店で見かけなくなってからほとんどそこで揃えたと記憶する。もう20年以上前の話であるが。

石丸電気は本店でもレコードを扱っていたが、いちばんよく通ったのは、現在カラオケ「パセラ」の大きなビルが建っているところにあった2号店である。裏通りを抜けて、その大きなパセラ前へ行き、通りを挟んで向かいから写真を撮る。撮影した辺りにはレコード専門の3号店のビルがあった。狭い間口ながら全フロアがレコード売場という素晴らしさ。CDの時代になってからも健在で、ここにも足繁く通った。隣に漢方薬の店があって強烈な匂いを発していたため、3号店の入口手前ではいつも一瞬息を止めていたことを思い出す。キャンディーズの解散コンサートのLPを買ったのもここで、特典の写真パネルをもらって嬉しかった記憶が昨日のことのように鮮明に甦る。

さて、肝心の2号店。外から見えたエスカレーターは、この辺りの大型家電店では初めて導入されたそうで、「でっかいわぁ〜」でお馴染みのCMでも象徴的に紹介されていた。レコード売り場は5階にあり、エスカレーターを上る

Photo_ Kure

石丸電気（現・エディオン）の今はパセラ2号店に

平成19年に撮影された石丸電気秋葉原1号店

とすぐ横がシングル盤のコーナー。そのエリアの一角には瓶のコカ・コーラの自販機があって、さんざんレコードを物色した後によく喉を潤したものだった。シングルもアルバムも大きめのソフトケースに入っており、会計時にレジへ持ってゆくと、バックヤードから新しい盤を出してきてくれる。在庫がなくなると、「こちら最後の一枚になりますがよろしいですか？」と確認された後、店頭に陳列されていた盤を買うことになるのだが、そのときはなぜか得した気分になった。もうすぐ廃盤になりますというコーナーが設けられていたのも親切だったし、ＬＰを買うと必ずポスターをもらえて、それも買った盤の歌手に限らず、たくさんの中から選べるという優しさ。買う枚数が増えるとさらにチョコレートをもらえたり、レポート用紙やレコードケースなどサービス満点で、何より買い物額の一割分のサービス券が付いてくるのが有難かった。ポイントシステムの元祖である。しかもためた券で買物してもまたもらえるので永遠になくならない。財布の中に常に石丸のサービス券が入っていた方、多くはなかっただろうか。ちょうど昭和の終り頃、アナログからデジタルへの移行期は、訪れる度にレコードのコーナーがみるみる縮小されていった。ＣＤと逆転してゆく様を目の当たりにして寂しい思いがしたものだ。

いろんなことを思い出しながら、旧万世橋警察の角を曲がって再び中央通り

かつての石丸電気のレコード袋。
イラストは和田誠

を須田町の交差点方向へ。橋からの風景も少し変わり、昔あったという幻の万世橋駅跡にショッピングモールができたのはつい最近のこと。マーチエキュートと名付けられた商業施設はいい雰囲気を醸し出している。通りの向かいに聳える肉の万世のビルは、建て替え前はもう少し小ぶりの丸っこい建物だった。一階の売店でオバQソーセージを売っていたことを妙に憶えている。メニューなどに使われている、清水崑「呉越同舟」の絵が昭和24年創業の歴史を物語る。包装紙の可愛らしい絵は童画家・林義雄によるもの。子どもの頃からの無類のハンバーグ好きは大人になっても変わらず、ここの絶品ハンバーグはどこの店のものより自分の舌に合う。よくある無益な質問「地球最後の日に何を食べたい？」と問われたら、迷わず「万世のハンバーグ」と答えるだろう。JRのガードを潜ってすぐ右折すると、昔は交通博物館があり、新幹線とSLの車両が迎えてくれたが、今は綺麗なオフィスビルが建って往時の面影はない。ついでにそのすぐ近く、実家の喫茶店が入っていたビルもつい先頃解体された。須田町交差点の一角にあった、ホットケーキが看板メニューの「万惣フルーツパーラー」も、かた焼きそばが美味しかった中華料理「五十番」も、ライバル店だった喫茶店「東洋」も今はすべてなくなってしまった。何もかもみな懐かしい……。（平成27年1月）

幻の万世橋駅跡にできたショッピングモール「マーチエキュート」を万世橋から

Photo_Lover of Romance

昭和11年開設の交通博物館。学校の社会科見学で訪れた人も多い。平成16年閉館

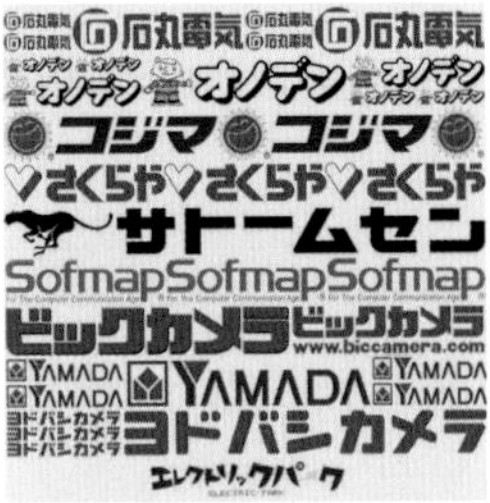

『石丸電気の歌』
藤本房子、とみたいちろう
（昭和50年頃）

三木鶏郎門下の桜井順と伊藤アキラの作。家電量販店のCMソング集『エレクトリックパーク』所収。3代目まである由。他に「オノデン」や「サトームセン」の歌も収録。

『銭形平次』
舟木一夫
（昭和41年）

神田明神下に住む岡っ引き・平次の物語。大川橋蔵主演で放映されたフジテレビ版が最も有名で、舟木が歌う主題歌もスタンダード化。なんだかんだの明神下で。

『桜の花びらたち』
AKB48
（平成18年）

総合プロデューサー・秋元康の下、7924名から選ばれた20名で結成されたAKB48のデビュー曲。“会いに行けるアイドル”がコンセプト。ブレイクまでは長かった。

『メイディング ストーリー』
完全メイド宣言
（平成17年）

秋葉原のメイド喫茶の先駆け“@ほぉ〜むカフェ”の現役メイド11名によるユニット。“萌え〜”はこの年の流行語に。C/W『お帰りなさいませ!ご主人様っ』。

『どんなときもずっと』
μ's
（平成26年）

大人気を誇るTVアニメ「ラブライブ!」には名曲がいっぱい。神田明神はキャラクターが巫女のバイトをしたり、アイドル部の練習場所として登場する聖地。

『バイトファイター』
バクステ外神田一丁目
（平成25年）

アイドル育成型エンターテイメントカフェ「AKIHABARAバックステージpass」の所属キャストによるメジャーデビュー曲。選抜メンバーは来店客の投票で決まる。

❖ 昭和レコード店袋コレクション ❖

東京レコード散歩

その

14

OCHANOMIZU・JIMBOCHO

御茶ノ水・神保町

かつては都電の要衝として知られた神田須田町の広い交差点から靖国通りを九段方面に向かうと、今回目指す神保町。しかしこの日は少し遠回りをして御茶ノ水経由で行くことにする。東京メトロ丸ノ内線の淡路町駅からすぐの庄之助最中でつぶあんのぎっしり詰まった最中を土産用に買ってから通りを渡り、老舗そば店「まつや」の横の道から裏通りへ入る。先年惜しくも火災で全焼してしまった「かんだやぶそば」や、あんこう鍋の「いせ源」などがある通称グルメストリートの横を通って、ＪＲの線路沿いの道を目指す。鳥鍋の「ぼたん」には長い行列ができていた。若い頃からそれらの料理屋さんは敷居が高い中で、「ぼたん」の向かいにある甘味処「竹むら」はたまに訪れてお汁粉をいただく機会も多い。

「かんだやぶそば」が再オープンしたのは昨年（平成26年）秋のニュースで知っていたが、新装後に現場へ足を運んだのは初めて。ここにはちょっとした思い出がある。昭和55年秋、映画「帰ってきた若大将」のロケをしていた最中にたまたま通りかかって、まだ20歳そこそこの萬田久子に遭遇した。スラリと背が高く、それはそれは綺麗なお姉さんに目が眩んだ。同じシーンに出ていた田中邦衛や樹木希林、さらには加山雄三もいたはずだが、店内で待機していたらしく、そのときは姿が見えなかった。小谷承靖監督はそれより10年前の監督

火災により焼失する前の
「かんだやぶそば」

デビュー作「俺の空だぜ!若大将」でもやはりここを若大将の実家のすき焼き屋「田能久」に見立てて撮影をしている。ずっと後、「若大将シリーズ」がDVD化された際に、仕事で監督と一緒に同地を訪れたときは感無量であった。その模様はDVDの特典映像に収められているので、「旧・やぶそば」の在りし日の姿をとくとご覧いただきたい。かの池波正太郎も常連だったという名店は、新しい店構えになってもやはり繁盛していた。

さて、線路沿いの道を歩き、ドラマ「あまちゃん」のロケ地でもあった昌平橋の横から坂を上って御茶ノ水に向かう。秋葉原との行き来で昔から通い慣れた道ながら、改めて道標を見て、淡路坂ということを今さら確認。この坂もまた実に走りたくなる坂だが、もうロートルなので全力疾走はせずにゆっくりと上る。左側は新しい大きなビルが並び、ずいぶんと風景が変わった。坂を上り切ると、そこは聖橋である。さだまさし**『檸檬』**に出てくることでも知られよう。橋から見える湯島聖堂にも立ち寄ることにした。静かな霊廟に心が静まる。ここから北の位置には「婦系図」の舞台となった湯島天神もある。御茶ノ水駅聖橋口の改札を通り過ぎて進むと、左側に丸善、右手には画材店「レモン」がある。ここに以前あったティールームが、ガロ**『学生街の喫茶店』**のモデルだという説があるが、作詞した山上路夫さんによれば特定のモデルはない

聖橋から見える湯島聖堂

とのことで、どうやら後付けらしい。氏は昭和51年にNAVレコードの新人・江口有子に**『お茶の水あたり』**という作品を書いていて、そちらにはタイトル通り正真正銘の御茶ノ水の描写がある。メイン改札前のスクランブル交差点を左折して駿河台下方面へ。ここらは昔からディスクユニオンのお膝元。今もジャズ専門店の最大店舗「JazzTOKYO」など数々の店舗がひしめき合っている。広い店舗面積を誇る「お茶の水駅前店」はいつ行っても多くの客が訪れていて活気があり、商品もよく回転していて楽しい。欲しいレコードが見つからなくても、CDやDVDや書籍、行く度に何かしら買い物がある。

駿河台下へと至る道の途中、明治大学のキャンパスに差し掛かり、右に曲がると山の上ホテルが見えてくる。名だたる文士がカンヅメとなり、作品をしたためたことで有名な名門ホテルの佇まいは格調高く、その周辺だけが閑静な空気に包まれている。ホテルの裏手には幼稚園を擁する錦華公園、隣接するお茶の水小学校は元・錦華小学校といい、夏目漱石ら多くの著名人を輩出した名門なのだ。敷地内には漱石の石碑も。この辺りは住所でいうと猿楽町になる。

その一角にあった古いビルで、自分は以前小さな中古レコード屋を営んでいた。ビルのオーナーさんの名前にちなんだスミビル。つのだじろうの漫画「ブラック団」にでも出てきそうな昭和の隠れ家的な雰囲気が良くて借りることを決め

名門ホテルの格調高い佇まい

明治大学のキャンパス内にある
阿久悠記念館

たのだった。20年前、すでにかなりのお婆ちゃまだったスミさんには契約の時に一度会ったきり。その後ビルは人手にわたり、ウチが出た後の部屋にはしばらく中華料理店が入っていたが、つい先日とうとう解体されてしまった。スミさんもとうに鬼籍に入られただろう。更地となった跡を通りかかって、ちょっと切ない思いがした。

　見慣れた風景の界隈を歩く。錦華通りの中古店「ターンテーブル」は惜しまれつつ閉店し、現在は〝両国レコード天国〟などの出張販売に場を移しているそう。飲食店の並ぶ裏通りを抜けると、パチンコ店「人生劇場」の看板が見える。ここは神保町の店だけあって、昔から景品に書籍類が充実していることで有名。レコードの種類も豊富だった。よく親にくっついて訪れ、レコードや本を獲ってもらったのが懐かしい。昔はパチンコの景品にレコードは欠かせなかった。すぐ向かい、靖国通りに出る角のＩＣＩ石井スポーツとサイゼリヤがある場所は、遙か昔は映画館だったという。その頃からあったランチョンや共栄堂など、この辺りは老舗の飲食店が多い。昨今はカレーの街としても定着した神保町だが、その発祥は大正13年創業の共栄堂といわれている。ほかにもエチオピアにボンディにマンダラなどの名店が目白押し。個人的にはスパイシーな薬膳カレーのエチオピアと、正統派インドカレーのマンダラがオススメである。交差

靖国通り沿いに並ぶ古本店

今はなき名店、柏水堂

点側で昭和4年から営業を続けてきた洋菓子の柏水堂がまもなく（平成27年3月末にて）その歴史に幕を下ろしてしまうのは誠に残念でならない。上品な味のマロングラッセやプードルケーキはもう食べられなくなるのか（※）。

靖国通りを渡り、すずらん通りへ入る。その入口の書泉ブックマート（平成27年に閉店）の隣、つい先頃までカラオケのパセラがあったビルは、以前ヴィクトリアのレコード館だったことを思い出した。決して広くはない店内の各階にレコードがぎっしり詰まっていた光景を憶えている。特にアイドル系が充実していたのは担当者の趣味なのか、と思っていたら、後日その張本人から知遇を得ることになった。正に氏の仕業だったそうである。途中を左に折れたところにある特徴的な建物「神保町シアター」は意欲的なプログラムで常に目が離せない新進の名画座。ここでは他ではあまりかからないような邦画のプログラムピクチャーをずいぶん拾わせてもらっている。すずらん通りがまだアーケード街だった昭和40年代、三省堂書店が今のビルに建て替える前の風格ある佇まいだった頃、並びにあった書店のフタバ図書は、曙出版「おそ松くん全集」を買い揃えた店。もちろんその頃からあった東京堂書店もわりと最近建て替えられ、カフェを併設する洒落た店構えになった。

通りの右側にあるキッチン南海（※※）はいつも行列が絶えないガッツリ洋食

※そのほか、令和2年にはすぐそばの居酒屋「酔の助」が閉店。すずらん通りの餃子専門店・スイートポーヅなど老舗の名店が姿を消してゆく

※※令和2年6月に閉店。すぐ後に暖簾分けした同名店が神保町花月の向かいに開店した

神保町では古い喫茶店が
今も営業中

の名店で、客の9割が学生かオジサンである。その向かい辺りにあった純喫茶「ロザリオ」が平成23年に閉店した際は最後の週に店を訪れ、店主と初めて話をした。老舗喫茶は、書泉グランデ裏のラドリオとミロンガ、そして駅からすぐの「さぼうる」も幸いなことに盛業中。大盛ナポリタンで知られる「さぼうる」は2つの店舗が並び、昨今は観光客も訪れる人気店として名を馳せている。古本漁りの後にここで一杯の珈琲を飲むことを楽しみにしている昔からの利用客は「今ごろ何故?」と思っているかもしれない。

すずらん通りは白山通りを越えるとさくら通りとなる。すぐの左手にある中古店「ササキレコード」は今も健在だ。めっきり扱いが減ったカセットテープのソフトを常備しているのが嬉しい。最近はご無沙汰してしまったが、現在の場所になる前、すぐ近くの白山通り沿いにあった頃はよく通い、掘り出し物も多々。そして神保町の中古レコード店といえば、なんといってもレコード社である。昭和5年創業の業界最老舗。昭和46年には姉妹店の富士レコード社もオープンし、井東富二子社長(※)が一貫して代表を務めている。店舗はいろいろと移り変わりがあったが、今は古書センター9階と白山通りの本店に落ち着いた。かつては三省堂などで行われていたセールにもずいぶんと通ったが、初日のオープン前の行列と、開店の瞬間から繰り広げられる争奪戦の殺気立った雰

※平成29年3月に93歳で逝去。中古レコード業界の開拓者であった

ロザリオの閉店日に撮影した外観

囲気は今では絶対に無理。若かったからこそ参戦できたのだとつくづく思う。そんな過酷なセールで唯一良かったのは、同好の士に出会えたことであろうか。今もお付き合いさせていただいている有名なコレクター・M（※）氏との交友は、セールで声をかけられたのがきっかけだった。自分がよほど熱心にエサ箱を漁っていたからだろうと思うと、今さらながら気恥ずかしい。

白山通りにはやはり老舗のトニイレコードがある。ジャズレコードコレクターの西島経雄氏が昭和44年に始めたという名店。一時期神保町交差点寄りにあったシングル盤専門の支店「トニイ45」は超狭い店ながら、時々凄くいい買い物をさせてもらった。あとはCDショップのタクトも忘れてはならない。こちらの店頭在庫は素晴らしい品揃えで、仕事関係でもいざというときに頼りにしている。最近は音楽・芸能関連の古本にも力を入れていて、神保町へ行った際は必ず立ち寄るお店。もう一軒、駿河台下のレンタルショップ「ジャニス」（※※）はテレビ番組の音効さん御用達の駆け込み寺だ。ここにも渋谷TSUTAYAにもないCDはもうあきらめるべき。古本にレコードにカレー、老舗の喫茶店も多い神保町はなんて居心地の良い街なのだろう。最後に庶民の味方「いもや」（※※※）で天丼を食して本日の散歩を締め括った。

（平成27年2月）

※平成31年4月、突然の訃報に言葉を失った。楽しい想い出がよぎります

※※平成30年閉店。音効さんたちの嘆きが聴こえる。中古専門の2号店は継続中

※※※直営店・天丼いもやはとんかついもやと共に平成30年3月閉店。暖簾分けの天婦羅いもやは現在も営業中

昭和5年創業、老舗中の老舗の中古レコード店「レコード社」

『ひばりのカンカン囃子』
美空ひばり
（昭和48年）

お嬢・ひばりの神田ソングをもう一曲。江戸の町火消しの女頭領を主人公とした、京塚昌子主演のテレビ時代劇「肝っ玉捕物帖」主題歌。火事と喧嘩は江戸の華。

『お祭りマンボ』
美空ひばり
（昭和27年）

美空ひばりが見事な表現力で聴かせる屈指のナンバーはチャキチャキの下町気質がテーマ。オチまでが完璧な大傑作だ。「江戸っ子だってね」「神田の生まれよ」。

『東京下町あたり』
森 光子
（昭和48年）

ホームドラマの傑作「時間ですよ」のお馴染みのテーマ曲に阿久悠が詞を施した。シリーズの後期作品では森が『湯島の白梅』を口ずさむシーンが多く見られる。

『湯島の白梅』
市丸
（昭和47年）

明治時代の悲恋小説、泉鏡花の「婦系図」が昭和17年に映画化された際の主題歌。オリジナルは小畑実。湯島天神の境内が舞台の名歌を市丸姐さんが粋に唄う。

『学生街の喫茶店』
ガロ
（昭和47年）

当初はカップリングの『美しすぎて』がA面だったが、入れ替わってミリオンヒットを記録。個人的には神保町のイメージ。「ラドリオ」や「さぼうる」が思い浮かぶ。

『わたし』
谷口世津
（昭和49年）

『昭和枯れすゝき』のヒットを生んだ「時間ですよ・昭和元年」の劇中歌。お手伝いさん役の谷口が歌う。舞台は五反田「松の湯」から、湯島「亀の湯」へ移った。

『檸檬』
さだまさし
（昭和53年）

御茶ノ水が舞台。湯島天神と神田明神を繋ぐ聖橋からレモンを投げる描写が有名。梶井基次郎の小説「檸檬」にインスパイアされた由。ジャケットの絵も自身による。

『お茶の水あたり』
江口有子
（昭和51年）

西野バレエ団出身歌手のデビュー曲。フォーク色の濃いマイナー調のポップスを歌う彼女はこの時まだ17歳。歌詞にはニコライ堂も登場する。作曲は都倉俊一。

『怒涛の進撃』
三鷹 淳
（昭和56年）

明治大学創立100周年記念シングル。山田耕筰が作曲した“白雲なびく駿河台〜”で始まる校歌に対して、こちらは竹岡信幸の作。校歌や社歌は三鷹淳の十八番。

『聖橋で』
あさみちゆき
（平成19年）

公園の歌姫として脚光を浴びたあさみの6枚目のシングル。作詞の阿久悠が亡くなった直後のリリースとなり、聖橋からほど近い神田明神で発表会が開かれた。

『女学生探偵ロック』
てにおは
（平成25年）

’60年代の古書界を舞台にした小説「女学生探偵」シリーズがアルバム化された、いわば“聴く推理小説”。VOCALOID楽曲。『神保町遊歩』など16トラックで構成。

『古本屋のワルツ』
黒船レディと銀星楽団
（平成18年）

失くした本を探して思い出を訪ね歩く表題作「古本屋のワルツ」ほか、全9曲収録のミニアルバム。スウィング感溢れるジャジーでノスタルジックなムードに浸る。

東京レコード散歩
その
15
SHIBAMATA

柴又

東京でも有数の観光地となっている柴又は葛飾区の中央東寄りに位置する街。千葉県とも隣り合わせており、本来はその定義からは外れるのだが、今や下町の代名詞ということになっている。それはもちろん、国民的映画「男はつらいよ」の舞台として広く親しまれるようになったからにほかならない。寺町の参道にある草だんごの「くるまや」（途中までは「とらや」）を中心に繰り広げられる極めて上質な人情喜劇の舞台が、実在する柴又の帝釈天界隈に設定されたことで、半分フィクションで半分ノンフィクションともいえる幻想の下町の景色が形成されたのだ。平成8年に寅さんこと車寅次郎役の渥美清が世を去り、シリーズが終焉した後も、寅さんの面影を求めて訪れるファンは後を絶たない。その多くが大きな映画のロケセットにやってくる心持ちなのではないだろうか。

東京23区の東側にあたる葛飾区や江戸川区へは、幼い頃に訪れた記憶はなかった。仮に両親の趣味が映画観賞だったりしたら、もっと早く柴又へ行く機会があったかもしれない。しかし商売に忙しかった我が家では家族揃って映画を観ることなどあるはずもなく、子どもの頃、母親に連れられてゴジラやディズニー作品を観に行って以降、しばらくは映画館との縁は途絶えてしまった。中学に入ってようやく友達と一緒に映画館へ行くようになると、「スターウォーズ」や「ジョーズ」などといった洋画の大作や、邦画も角川映画や金田一シリーズなどは

令和2年末の柴又駅ホーム

寅さんを見送る
さくら

観たが、中坊の分際ではまだ「男はつらいよ」には興味が持てなかったのである。

その機会を与えてくれたのは、ほかならぬキャンディーズだった。3人の解散コンサートが催されたのは、当時としては最も幼い世代のファンだった自分が中学2年になる直前のこと。そして高校1年になった昭和55年、スーちゃんこと田中好子と、ランちゃんこと伊藤蘭が相次いで芸能界復帰という嬉しいニュースが飛び込んできた。さらにはその年12月公開の映画「男はつらいよ 寅次郎かもめ歌」のヒロインに伊藤蘭、併映の「土佐の一本釣り」のヒロインに田中好子が決定と聞けば、それはもう観に行かないわけには行かなかったのだ。そして遂に人生初の「男はつらいよ」に出会ってしまった。それまでテレビで少しくらいは観たことがあったかもしれないが、全編を通して映画館で観るのは初めてであった。

ランちゃんはもちろん変わらず魅力的だったし、スーちゃんの映画も充分満喫した。が、それ以上に「男はつらいよ」の面白さにすっかり魅せられてしまう。以来シリーズは封切時に必ず映画館で観なければ気が済まないファンとなり、松竹が〝寅さんファンクラブ〟を立ち上げるとすかさず入会した。ゴジラや黒澤作品、若大将シリーズなどを擁する東宝フリークとなった後も寅さんだけは別格で、日本映画の最良のプログラムピクチャーのひとつとして愛好し続けて現在に至る。だから奇跡の第50作が作られたのは本当に嬉しかった。人生の労苦を重ね

『男はつらいよ』石碑

高木屋のだんご

た満男（吉岡秀隆）と泉（後藤久美子）の再会に自分でも驚くぐらい泣いた。

すっかり前置きが長くなってしまったが、そんなわけで柴又へはある程度大人になってからは時折訪れるようになり、ここ数年は年に一度催されるイベント「寅さんサミット」に毎年お邪魔している。実は本書の装丁をお願いしているデザイナーの長井雅子さんがイベントや映画のビジュアル担当という縁もあったりするわけで。大変な年になってしまった令和2年のサミットは例年とは形を変えながらもなんとか敢行され、今回はそのイベントが終わって間もない、年の瀬の柴又の街を歩いてきた。約一年ぶりに駅へ降り立つと、駅前広場では新しい建物が立てられている工事の最中だった。それでも寅さん像とさくらさん像の前で写真を撮る観光客の姿は少なくない。昭和レトロな物品が展示されているおもちゃ博物館の前を通って帝釈天参道へ。初詣の人出に備えてか、入口のモニュメント下に掲げられた参詣者経路ののぼりに〝ソーシャルディスタンス・マスク着用・大声禁止〟と書かれているのが今のご時世を表している。

映画でもお馴染みの「高木屋老舗」や「川千家」を眺めながら帝釈天こと題経寺の境内に到着。鐘撞き台に寺男・源公（佐藤蛾次郎）の姿を重ね合わせる。例年ほどではないにせよ数日後にはかなりの賑わいをみせるのだろう。外でのお参りを済ませた後に寺の右手から回り込むように道を辿って寅さん記念館

帝釈天内の大鐘楼。
源ちゃんの姿を思い浮かべる

帝釈天二天門。映画に必ず出てくる
定番スポット

へ。もう何度めになるだろうか。くるまやの店内、朝日印刷のセット、いつも同じ場所でついカメラを向けてしまうのはファンの性である。浅丘ルリ子演じるリリーのレコード「夜明のリリィ」のジャケット（もちろん小道具）も展示されており、レコード散歩の面目躍如といったところ。記念館を後にして、江戸川沿いの土手をちょっとだけ歩いてから来た道をまた戻る。

いつもは決まって高木屋さんでだんごを食してひと休みするのだが、この日は腹が減っていたので天丼を食べさせてくれる「大和家」へ初めて入った。これがまた味の濃いサクサクの天ぷらで無類に美味しい。すっかり満足して食後の珈琲でも飲もうと近くの昭和レトロ喫茶「セピア」へ行くと、残念ながら年末年始のお休みに入ってしまっていた。昨日までは営業していたようで惜しかったが仕方ない。前年の寅さんサミットに来た際には名物のクリームソーダをしっかりいただいて、2階にあるキャンディキャンディ博物館の館長、キャンディ・ミルキィさんともお話し出来た。セピアは千歳烏山の「宝石箱」と並ぶ、絶対に行くべき都内の昭和レトロ喫茶なので未訪のかたはぜひ一度訪ねてみて欲しい。

さて、この散歩の大事な要素として、かつてあったレコード店の痕跡を探してみようと、帝釈天に背を向けていつもは行かない線路沿いの道を歩いてみる。昭和からあるとおぼしきプラモデル屋さんはあったが、レコード屋の面影

寅さんが歩いた江戸川土手。
給水場が見える

は見当らない。しばらく行って京成線の踏切を越えたところでなんとなく見覚えのある風景が目に飛び込んできた。「にがおえコインランドリー」の看板が示すように、芸能人やスポーツ選手、さらには政治家まで有名人の似顔絵が壁中に貼りめぐされたカオス。そうだ、ここは「モヤモヤさまぁ～ず2」でさまぁ～ずが訪れていた場所だ！　地元の方々の社交場となっているようで、向こうから気さくに話しかけてきて下さったおばさまに、「この辺に昔レコード屋さんってありませんでしたか？」と聞いてみた。すると、駅の真ん前でつい最近たこ焼きを売り始めた店が以前はレコード屋だったんじゃないかという有力な情報を得る。さらに話し込むと、昔この近所に弘田三枝子が住んでいたらしいとも教えてくれた。俳優の道をかじったことがあるというご主人を最近亡くされたばかりだと話されていたが、その口調は何故かとても明るく、正しく寅さんの世界を彷彿させる人情の機微に触れた気がして嬉しくなる。結局情報の裏はとれなかったが、もうそれで充分だと思った。柴又はやはり理想の下町なのだ。なんだか清々しい気分になり、かつて寅さんが何度もさくらに見送られた柴又駅のホームから電車に乗る頃にはもう日が傾きかけていたのだった。今日も又、チンガラホケキョーの帰り道。

（令和2年12月）

昭和レトロな喫茶店セピアの
クリームソーダ

『DISCO・翔んでる寅さん』
渥美 清
（昭和54年）

シリーズ第23作『男はつらいよ 翔んでる寅次郎』公開に合わせてのシングル。当時はディスコ・ブームに乗って「ディスコ〜」「ソウル〜」の音盤が頻発された。

『男はつらいよ』
渥美 清
（昭和45年）

シリーズお馴染みの主題歌は、映画の第3作公開後にレコード発売された。テレビドラマ版で寅さんが北島三郎の歌を愛唱した設定が星野哲郎の作詞へと繋がる。

『さくらのバラード』
倍賞千恵子
（昭和47年）

山田洋次監督の作詞、山本直純作曲によるさくらのテーマには渥美清も台詞で参加している。B面は「寅さんの子守唄」。寅さん関連では主題歌に次ぐ最重要盤。

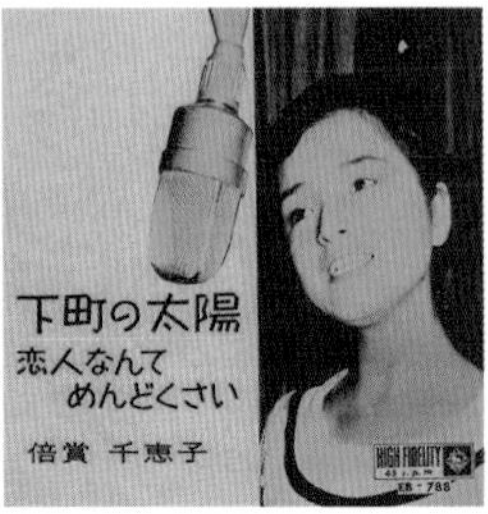

『下町の太陽』
倍賞千恵子
（昭和37年）

大ヒットして映画化もされ、倍賞の代名詞となった歌手デビュー作品。このイメージが温存されて『男はつらいよ』のさくら役に抜擢されたのは想像に難くない。

『男はつらいよ』
八代亜紀
（平成9年）

渥美清亡き後に作られた49作『男はつらいよ 寅次郎ハイビスカスの花 特別篇』の主題歌として新録音。作曲者・山本直純の長男、純ノ介がアレンジを手がけた。

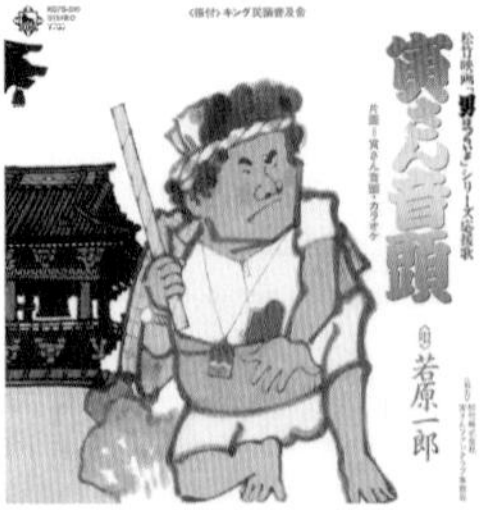

『寅さん音頭』
若原一郎
（昭和58年）

渥美清が歌う「寅さん音頭」とは同名異曲。オフィシャル応援歌として寅さんファンクラブ協力の下で作られた。若原は『欽どこ』では詰襟を着て学生役を演じた。

『柴又初恋門前町』
笹 みどり
（昭和47年）

昭和40年に「下町育ち」を大ヒットさせた笹みどりもクラウン所属で渥美清のレーベルメイトだった。渥美に「泣いてたまるか」を供した関沢新一が作詞している。

『柴又慕情』
江川 渥
（昭和47年）

「寅さん恋唄」挿入歌とは「寅次郎恋唄」のこと？ マイナーレーベルのウインザーレコードから出された謎多き一枚。B面「葛飾の女(ひと)」は藤本卓也作曲。

『矢切りの渡し』（B面）
ちあきなおみ
（昭和51年）

柴又と松戸を結ぶ江戸川の渡し舟がテーマ。当初はシングル「酒場川」のB面として発表され、ドラマ挿入歌として再注目された昭和57年にA面として再リリース。

『葛飾にバッタを見た』
なぎらけんいち
（昭和49年）

立石の呑んべ横丁に行くと会えそうななぎら健壱は実は銀座の生まれ。小学校3年の時に柴又の隣町である金町に移り住んだという。下町に関する著書も多数。

『柴又の母』
原田ゆかり
（昭和58年）

行方不明になった息子の玉五郎を想う母猫の心情が歌われた異色ソング。フジテレビのものまね番組などで活躍した歌手・原田ゆかりのプレデビュー盤だった。

『矢切の渡し』
細川たかし
（昭和57年）

ドラマ『淋しいのはお前だけじゃない』で脚光を浴びたちあきの歌をカヴァー。春日八郎、島倉千代子ら多くの競作盤が出され、細川は日本レコード大賞を受賞した。

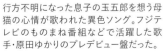

東京レコード散歩
その
16
KORAKUEN

後楽園

場所に季節のイメージを当てはめるならば、自分にとっての後楽園は〝春〟である。かつての巨人ファンとしてはプロ野球開幕のシーズン。そして生涯忘れられないキャンディーズの解散コンサートが後楽園球場で行われたのも４月初めだった。春は別れの季節であり、出逢いの季節でもある。もうすぐ本格的な春が訪れようとしている啓蟄の時期、センチメンタル気分に拍車をかけて、〝想い出がいっぱい〟の地、後楽園へ出かける。

アプローチは水道橋駅から。西口の改札を出てすぐのアーチ型の歩道橋を渡る。ペナントレース中には、ここからすでに飲み会や弁当、双眼鏡などを売る店が並ぶことになる。土日は場外馬券場へ訪れる人で賑わうゾーン。賭け事には疎いので分からないが、昔はオッサンばかりだったのが最近では若い女性の姿も見られるという。まずは橋を渡ってすぐのビルにある、スケート場とボウリング場を覗く。平日の昼間とあってガランとしている。同行のＴ氏は昔ここでよくローラースケートに興じたというが、自分が足を踏み入れるのは初めて。ボウリングもここではやった記憶がない。後楽園は野球観戦の地だった。プロレスの興行で知られる後楽園ホールは、人気番組「笑点」の収録が行われている会場でもある。この日はプロレスの立て込み中だったらしく、やたらと人の行き来が多い。ここでは以前、定期的に中古レコード市が開催されてい

プロレスの聖地として知られる
後楽園ホールに続く階段

後楽園球場での巨人戦観戦チケットと
後楽園遊園地の入場券　（著者所蔵）

て、一時期は毎回のように訪れていた。整理券をもらった後、入場列に並んでいると階段の壁面を埋め尽くしたプロレス客による落書きに圧倒されたものだったが、その光景は今も変わっていなかった。昔はこの建物の目の前が後楽園球場。現在の東京ドームはもう少し奥になり、かつて球場だった場所には東京ドームホテルが聳《そび》え立っている。ここの6階にあるバー「2000」の長いカウンターは、ピッチャーマウンドからホームベースまでの距離と同じという、なんとも粋なはからい。

屋根付きの東京ドームはなにかと便利だが、屋外型の後楽園球場をひたすら懐かしく思う。初めて野球観戦に訪れたのは、長嶋ジャイアンツが初優勝を遂げた昭和51年のペナントレース。それまではあまり野球に興味がなかったくせに、その前年、ミスターが監督に就任して1年目にチームが最下位になってしまったのを見て、これは応援しなくては！と思い立ち、急速にプロ野球にのめり込んでいったのだ。昭和49年の長嶋の現役引退セレモニーをテレビで見て、子供心に感銘を受けていた下地もあった。ちょうどその頃創刊された「月刊ジャイアンツ」を買いはじめ、カルビープロ野球スナックのカード集めに熱中するという典型的な小学生。もちろんGYマークの黒い帽子をかぶり、親にねだって買ってもらったバットとグローブは、ファンだった高田繁のサイン入

昭和54年にオープンしたパラシュートランドの横に東京ドームホテルが立つ

りの青いヤツだった。何かの雑誌に載っていた指南通りに試合前に選手専用駐車場で待っていると、柴田、高田、土井、末次ら当時のスタープレイヤーが次々と現れ、みな快くサインに応じてくれた。さすが巨人軍の選手は紳士だと思ったものだ。長嶋ジャイアンツの快進撃と王選手のホームラン世界記録の時期も重なったりして、プロ野球人気は絶好調だったのである。

それから少し後、中2の春にはキャンディーズのファイナルカーニバルを観るために後楽園球場を訪れている。昭和52年夏の突然の解散宣言から8ヵ月とちょっと、大ファンだったキャンディーズを生で観る最初で最後の機会となったのは、今や伝説となっている解散コンサート。生で観るといっても、大きなプロジェクターもなかった当時、彼女たちの姿はスタンドからは豆粒ほどにしか見えなかったのだが、客席の熱量もとにかく凄かった。周りがほとんど高校生や大学生のグループとおぼしき中、ひとりで訪れた中坊の不安な気持ちをお察しいただけるだろうか。しかしそんな不安を吹き飛ばすように、皆ステージに熱中しており、球場全体が3人の最後の姿をしかと見届けようという不思議な連帯感に満ちていた。嬉しかったのは**『哀愁のシンフォニー』**という曲のサビで客席から一斉に紙テープが投じられた瞬間、そのあまりの美しい光景に呆然としていると、隣のお兄さんがすかさず紙テープを分けてくれたこと。初観

昭和63年に開場した
東京ドーム

覧の自分は何も知らずに臨んでいたが、後半は何回かテープ投げに参加することができた。あのときのお兄さん、ありがとう。

キャンディーズから3年後、ピンク・レディーのさよならコンサートも後楽園球場で行われた。自分はそれには行っていないが、絶頂期に解散したキャンディーズに比べると、ブームが落ち着いた後のピンク・レディーの解散コンサートは満席にはならず、運悪く雨に見舞われたこともあって少々淋しいものだったらしい。それでもスタジアムライブを敢行したのだから大したものだ。自分はその後も野球観戦には時たま、そして後楽園球場がいよいよ取り壊しになる直前のさよならイベントにも訪れている。これも忘れられない思い出で、その時の同行者の計らいでバックネット裏のなかなかいい席でOBによる親善試合などを観ながら、ふと後方の席を振り返った時に見たことのある顔が。まさかと思い再度確かめると、間違いなく大瀧詠一氏の姿がそこにあった。そのときはまだ面識もなく、もちろん話しかけることもなかったけれども、大の野球好きだった氏に、後楽園球場最後のタイミングで遭遇できた感激はひとしおであった。昭和62年秋のことである。

さて、例によって何か音盤は売っていないものかと、昭和の頃とはすっかり様子が変わった球場のスーベニールショップを訪れてみた。遊園地に近い一角

キャンディーズとピンク・レディーの
解散コンサートチラシ（著者所蔵）

だったせいかキャラクターものが目立ち、ジャイアンツの応援歌の類いを見つけることはできなかったが、ドーム内のジャイアンツショップに行けば何かあったかもしれぬ。昭和30年代以降、ジャイアンツの球団歌や応援歌のレコードは相当数出されており、そのつど買い求めてきた。選手別応援歌のCDは現在に至るまで毎年出されており、その筆頭を飾るのは**『闘魂こめて』**と決まっている。この歌にもいろんなバージョンがあるが、ここはひとつ、新録音版の登場に期待したい。女性アイドルもいいけれど、AAAなんてどうでしょう。

今は東京ドームシティアトラクションズの名称となったかつての後楽園ゆうえんちは昭和30年開業で、オープン当初の風景は、美空ひばり・江利チエミ・雪村いづみが共演した映画「ジャンケン娘」で見ることができる。ここの片隅でクレープを食した後、地下道を渡ってラクーアへ。野外ステージではこの日は何も行われていなかったが、近々に橋本環奈の歌手デビューイベントが行われるという告知が目に入り、数日後に再び訪れてみた。さすがは1000年にひとりの逸材。通りすがりの人も含めて客の数が凄い。懐かしい**『セーラー服と機関銃』**のメロディを聴きながら、キャンディーズやら薬師丸ひろ子やら、好きだった歴代アイドルのことを思い出してして、ひとり感慨に耽った。（平成28年3月）

かつての後楽園ゆうえんち、現在の東京ドームシティアトラクションズは昭和30年開業

『勝利の旗』
坂本 九
（昭和39年）

映画「ミスタージャイアンツ 勝利の旗」主題歌。昭和38年のペナントレースを軸に展開される物語では長嶋の迫真の演技も見られる。B面は柴田勲が自慢のノドを披露。

『満塁ホーマー』
フランク永井
（昭和37年）

野球がらみの流行歌で最大のヒットは灰田勝彦『野球小僧』だろう。これは知られざる逸品。家で試合を見守る妻を描いた藤本二三代『試合のかげに』がまたいい。

『ミスター ジャイアンツ』
西六郷少年合唱団
（昭和40年）※フォノシート

雑誌「少年」連載の森田拳次の漫画を音盤化。ジャビット君もいいけれど、昭和の子どもにとってのジャイアンツのマスコットといえばこれ。ONらも特別出演。

『白いボール』
王 貞治、本間千代子
（昭和40年）

王さんが歌う有名な一枚。実は長嶋のピンチヒッターだったという説も。作曲の冨田勲は、本間千代子の義兄。756号達成時にデザインを一新して再発売された。

『がんばれ長嶋ジャイアンツ』
湯原昌幸
（昭和50年）

監督1年目はまさかの最下位だった。数多く出されたミスターの応援歌の中でも飛び切りの名歌。作曲は小林亜星で湯原の歌も抜群。作詞はなんと寺山修司。

『さよならミスター・ジャイアンツ』
（昭和49年）

涙の引退セレモニーが記録された実況録音盤。ミスターGの現役最後の勇姿を、全国民がテレビの前で固唾を飲んで見守った。“我が巨人軍は永久に不滅です！”

『それゆけぼくらのファイターズ』
ささきいさお
（昭和52年）

後楽園球場がホームだったのはジャイアンツだけではない。忘れちゃいけない日本ハムファイターズ。『ファイターズ讃歌』とともにささきいさおが美声で歌う。

『闘魂こめて』
藤川純一
（昭和51年）

球団創立30周年の際の制定歌をお色直し。長嶋監督2年目にONHが揃い踏み。結果、この年は見事優勝を掴んだ。3人に囲まれた藤川の緊張が伝わってくる。

『ヴァイブレイションズ』
ジェームス・ラスト・バンド
（昭和58年）

「プロ野球ニュース」“今日のホームラン”でおなじみのあの曲。風呂上がりの一杯のビールと「プロ野球ニュース」は、一日の疲れを癒すささやかな楽しみだった。

『後楽園で逢いましょう』
山崎ミカ
（昭和52年）

私の彼氏はとにかく野球のとりこ。私が好きか、野球が好きか、ハッキリしてよ！ B面『恋はジェットで』はゆうえんちのジェットコースターのことに違いない。

『OH!』
ピンク・レディー
（昭和56年）

第1期PLのラスト・シングル。もちろん阿久×都倉の作で、背番号1の凄いヤツへのリスペクトが込められていることは言うまでもない。アレンジは井上鑑。

『つばさ』
キャンディーズ
（昭和53年）

後楽園でのファイナルカーニバルで最後に歌われた『つばさ』をプロモ用にシングル・カット。この後正式リリースされた。実際にコンサートで着た衣装で撮影。

東京レコード散歩 その 17 SHINJUKU

新宿

「新宿は誰の街でもない。新宿はただひたすら群衆の街である。」と書いたのは、直木賞作家の江崎誠致だった。雑誌「ミセス」の連載がまとめられた随筆集「新宿散歩道」（昭和44年刊）のまえがきにその一文がある。実に言い得て妙な表現で、何者をも拒まず受け入れるパワーが新宿にはある。街の風景は少しずつ変わりながらも、常に雑然としてエネルギッシュな印象だ。最も親しみ深き街、新宿篇はかつて反戦フォーク集会が開かれた西口の地下広場から歩き始める。広場の竣工は昭和41年とのこと。

ロケバスとスキーバスの出発場所として名高いスバルビル（※）。その地下にあるオブジェ「新宿の目」は、いつからあるのだろう。自分が物心ついたときにはもうギラギラ耀いて新宿の雑踏を見つめていた。気になって調べてみると、昭和44年に彫刻家の宮下芳子氏によって製作された由。正にフォークゲリラが行われていた頃に設置されたのだった。少し前の三池崇史監督「愛と誠」では、太賀誠役の妻夫木聡がこの新宿の目の前で**『激しい恋』**を歌い踊る。昔の西城秀樹版へのオマージュだった。地下道を中央公園方面に向かって進む。「東京モード学園」の繭のようなビル、コクーンタワーの地下には結構広いブックファーストがあり、近くでちょっと時間が空いたときにはあてもなく寄ったりする。

しばらく歩くと住友ビルの麓。この三角ビルが完成した折に出された**『雨の**

Photo_Rs1421

※本社機能移転後、平成30年夏から解体が始まり、令和に入ってすぐに工事完了。再開発地区につき、令和3年現在は跡地を暫定利用中。地下のオブジェ「新宿の目」は健在

スバルビル地下にある「新宿の目」は昭和44年製作

新宿』という曲があり、撮影場所が容易に推察できそうなので、この機会に確認したかったのだ。ちなみに『雨の新宿』は知っているだけで同名異曲が３つもあってややこしい。持参したジャケットを見ながら照らし合わせていると、そのポイントはすぐに見つかった。レコードで味わう定点観測の楽しさ。住友ビルの竣工は昭和49年、その向かいに聳《そび》える京王プラザホテルは新宿の超高層ビル群では最も早く昭和46年に完成している。昭和40年に淀橋浄水場が移転した後、高層ビルの数が次第に増えていくにつれて、この辺りは当時の東京を象徴するスポットとなってゆく。テレビドラマのロケも、有名な「太陽にほえろ！」をはじめ、「傷だらけの天使」「明日の刑事」など、アクションものを中心に次々と行われ、それらのサントラ盤のほか、高層ビル群の写真がジャケットに使われた歌謡曲のレコードも多数登場した。昭和57年にできた新宿ＮＳビルの一階にはかつて「メモリー」という中古レコード店があり、たまに覗きに来た。中古専門にしては意外な場所にある店だった。

　左に京王プラザ、右に住友ビルや三井ビルを見ながら通りを突き当たると、そこは新宿中央公園。昔から変わらぬナイアガラの滝があり、その前は水の広場。学生時代にこの場所で８ミリ映画を撮ったことが、懐かしく思い出される。水の音にしばらく耳を傾けて癒された後、橋を渡って駅方向に戻る。ふと

映画『セーラー服と機関銃』で薬師丸ひろ子が乗り込む新宿センタービル

泉ゆう子・田代光一『雨の新宿』のジャケはここ

見ると欄干に〝虹の橋〟の文字があった。つまりはレインボーブリッジ。当然こちらの方が古いはずで、元祖は「踊る大捜査線」の青島刑事が自己紹介のときに引き合いに出していた青島都知事（当時）のお膝元にあったというオチ。ここなら工事現場のコーンが二つもあれば簡単に封鎖できてしまう。今度は京王プラザを右に見ながら歩き再び地下道へ。途中の永和ビル地下の喫茶店「トップ」は渋谷を本拠地とする老舗珈琲店の支店。こちらもかなり古く、子どもの頃よく親と訪れた懐かしい店である。亡き父も好きだった安定のブレンドを一杯喫したいところだったが、時間の関係で先を急ぐ。

駅まで戻ると、西口広場の一角で恒例の古本市が開催されていて、時間がないにもかかわらずチェックせずにはいられない。駆け足で会場を廻り、雑本を少し買ってわりと早めに会場を後にした。雑本といえば、西口から青梅街道へ向かう途中のアーケード街、いわゆる「思い出横丁」の表通り沿いにあった古本屋さんへはよく通った。間口一間半ほどの小さな店で、棚には立派な本などはなく、文庫や新書や漫画、大衆小説の類といった雑本ばかり。それが個人的には有り難く、昔から集めているテレビのノベライズなどをずいぶん買った。専門店なら何千円もするであろう絶版漫画をタダみたいな値段で買えたこともあった。その昔はかの植草甚一氏も常連だったらしい。隣が魚屋さんで、扉が

都庁から新宿中央公園にかかる
“虹の橋”

ないためにいつも鮮魚の匂いが漏れてくる中で棚を物色した。その書店もいつの間にかなくなり、現在この一帯は金券ショップとファストフードで占められている。一本裏の径には飲み屋がびっしり。昔は「しょんべん横丁」と呼ばれていた戦後の闇市の名残は、一時期は青梅街道と甲州街道の間に300軒もの店が連なっていたという。

そこから程近い、小田急ハルク（と言った方がしっくりくるが、現在はほぼビックカメラ）の一階にある珈琲「ピース」も相当古くからある喫茶店である。昭和37年にハルクができる以前から、和菓子の時屋などとともにこの場所にあったそうだ。ピースの横から斜めの道を抜けて青梅街道へ。歩道橋を渡った通りの向こうにあった中古レコード店「トガワ」は、銀座「ハンター」とともに、自分が最も世話になった中古屋さん。通常のエサ箱はもちろん、足元の棚までレコードがびっしりと詰まっていて、長い時間滞在してもレコードが見きれない宝探しの楽しさがあった。ハンター同様に安さも魅力だったせいか、いつ行っても客が溢れていて、そこそこの広さもあったのにいつも空気が澱んでいたイメージがある。しかしそんなことを差し引いても都内で一、二を争う名店だったと断言できる。すぐ横の路地では一時期、蒲田の「えとせとらレコード」が支店を構えていた時代もあった。

昭和41年に完成した新宿西口駅前のロータリー。
いまも'60年代の雰囲気を残す

さらに裏道から小滝橋通りへ抜ければ西新宿のレコード店密集ゾーンとなる。歌謡曲好きの自分にはあまり縁のない店が多い中で、邦楽も充実しているWAREHOUSEはたまに覗いて目の保養をさせてもらった。この日も久々に寄ってみると、内装は少し変わっていたものの店が健在で安心する。ただしレア盤がズラリと並ぶ賑やかな感じはすでに過去のものとなっていた。昭和51年にオープンしたライブハウス「新宿ロフト」も平成の初め頃まではこの辺りが営業の地だった。小滝橋通りを駅方向に戻ると、映画「日本一のゴリガン男」（昭和41年）で植木等が猛然と走り回るロケのシーンが思い出される。そして映画にもちらっと映る通りの入口にあったパチンコ店「ミヤコ」は、同じ新宿のアラジン、神保町の人生劇場とともに、景品のレコードが充実していたことで記憶される。昭和のパチンコ屋さんは、レコード好きの学生にとって大事な音盤入手経路のひとつだったのだ。そういえば昔、パチンコ店に「王様手帖」という横長の小冊子が置いてあり、よくもらっていたことを思い出して何気なく検索してみると、なんと今でも発行されているらしい。ミヤコがあった場所は名前は変われど今もパチンコ店が盛業中。その目の前の大ガードをくぐれば東口エリアとなり、新宿のまた違った顔が現れる。

靖国通りを進むと左手が西武新宿駅、歌舞伎町の歓楽街も広がるが、一旦右

高層ビル街の歩道橋から見る新宿。
ドラマ「深夜食堂」を想起

折して新宿通りに入る。待ち合わせの名所、アルタ前は今日もたくさんの人で賑わう。東口広場の風景はそれほど昔と変わらない印象。線路沿いに映画や演劇の大きな看板が並んでいたのが懐かしい。当時の国鉄が商業施設を駅舎内に設けた駅を〝民衆駅〟といい、いわゆるステーションビルのハシリ。東京では池袋が最初だというが、新宿は新宿民衆駅ビルとして昭和39年に開業し、すぐに新宿ステーションビルと改称された。その後、マイシティを経て現在もルミネエスト新宿として建物ごと健在である。当初は西武新宿線の駅も接続される予定だったそうで、現在の西武新宿駅は仮の駅舎であったらしい。このステーションビル開業時に出されたタイアップソングが、舟木一夫が歌った**『東京新宿恋の街』**で、ジャケットにはミニチュアとおぼしきビルの全景が刷り込まれている。北原謙二によるカップリング**『虹のターミナル』**は開業時の宣伝コピーだった。ステーションビル～マイシティ時代には多くの思い出があり、一階にあった貝を売る店（食べる方ではない）で貝がらを集めたり、山下書店や泰星スタンプコインには足繁く通った。現在もCDショップはHMVルミネエスト店があるが、かつては山野楽器が入っていた。

「わが町 新宿」などの著書もある新宿文化の立役者のひとり、田辺茂一氏が創業した紀伊國屋書店の重厚な建物は昭和39年に改築されて以来のものでそれ

昭和39年に新宿民衆駅ビルとして
開業した現ルミネエスト新宿

以前の姿は知らない。ここに長らくあったレコード店「帝都無線（テイトムセン）」は平成23年に閉店し、現在はミュージック・テイトとして小滝橋通りの近くに新店舗を構えている。紀伊國屋書店のエスカレーターを2階に上がってすぐに店があった頃に出していた独自のフリーペーパーは新譜を知る情報源で、もうすぐ廃盤コーナーもありがたかった。おかげで品切れ間近の東宝レコードのサントラLPなどをずいぶん拾い上げることができた。伊勢丹の手前、現在は無印良品が入っているビルの地下に支店があった時期もある。伊勢丹向かいのマルイは昔の新宿日活。当時の光景までは及びがつかないが、明治通りを挟んだ角、現在はJTBとなっている場所にはたしかレコード店があったのではないか。残念ながら確かめる術はない。

この辺りには昔から映画館が密集しており、明治通り沿いの地下にあった東宝の封切館「新宿ビレッジ1」はよく利用した。「私をスキーに連れてって」と「アルプスの若大将」を同時上映するという快挙を成し遂げた忘れられない映画館である。池袋や浅草のごとく「若大将シリーズ」のオールナイト上映も行われていたから、支配人が加山ファンだったに違いない。昔の東京の写真集を見ると、ビルが建て替えられる前は一階の大きな館で、隣には大映の封切館があったようだ。新宿通り沿い、現在はシネコンの新宿バルト9となっている

紀伊國屋書店といえば映画「新宿泥棒日記」、
昔2階に帝都無線があった

場所は新宿東映だった。子どもの頃、親に連れられての〝東映まんがまつり〟は大抵ここで、「ちびっこレミと名犬カピ」や「海底3万マイル」などを観た憶えがある。当時はその隣にも東宝系の映画館があり、前まで来てからどちらに入るか決めたものだが、名作アニメを奨める親に対し、やはり男子としてはゴジラ観たさに〝東宝チャンピオンまつり〟の方に靡《なび》くことが多かった気がする。「ゴジラ対ヘドラ」は小学1年生の身には少し怖い映画だった。高校時代、薬師丸ひろ子に熱を上げていた頃には、付帯していた新宿東映パラス3という小さな館で「セーラー服と機関銃 完璧版」を「じゃあ前に観せられたのは何だったのだ」とブツブツ言いながら観たが、お目当てはむしろ同時上映の「装いの街」だった。当時は珍しかったテレビドラマのブラッシュアップ版で、デビュー間もない頃の彼女の貴重な映像を堪能した。

そしてその先、画材店の世界堂の手前にあったのが、「コタニ楽器店」である。現在はマルイアネックスとなっているところ。楽器は2階にあり、1階がレコード売場だった。かなり広い店で特にクラシックに強かったようだが、もちろんオールジャンルを扱うレコード店。学芸関連も充実しており、奥の方の売場では幼稚園や小学校の先生とおぼしき女性客が学校の行事用の実用レコードを試聴している姿がよく見られた。格調高きいいレコード屋さんだったのだ

新宿バルト9はかつての新宿東映。
世界堂の手前にはコタニ楽器店

が、平成14年に閉店してしまい残念。先頃やはり閉めてしまった渋谷東急プラザ店のほかにもいくつか支店があったようだが、現在も営業を続けているところはあるのだろうか。明治通りとの交差点まで戻る。ここを左折して甲州街道に至る角には、90年代から2000年代のはじめまでヴァージン・メガストアがあった（現ＩＫＥＡ）。マルイの一本裏の道へ入そって少し行くと、ディスクユニオン新宿本館の隣にあるのが喫茶「らんぶる」。地下の禁煙席は天井の高い素晴らしい造りで、今も残る昭和の喫茶店を代表する名店である。雑誌などで紹介される機会も多いせいか、意外と若いお客さんも利用している。コーヒーとトースト、ミニサラダ、ヨーグルトがプレートに乗った〝琥珀セット〟がお薦めだ。この辺りはもう少し先の通り沿いの2～3階にある西武や、通りを一本入った路地にあるタイムスなど、昔ながらの喫茶店がいくつかある。70年代初頭の「新宿マップ」を見ると実に多くの喫茶やスナックが点在していたゾーン。激戦区で生き抜いてきた風格は頼もしい。

西武の向かい、三峰が入るビルの地下に平成26年秋にオープンしたのがディスクユニオン昭和歌謡館で、歌謡曲好きの心のオアシスとなっている。それほど広くはないスペースにもかかわらず、アナログ盤、ＣＤ、書籍などがバランス良くびっしりと陳列された棚は見応えがあってついつい長居してしまう。現

歌謡曲ファンのオアシス、「ディスクユニオン昭和歌謡館」

在の中古レコード市場をリードするディスクユニオンが満を持して出店した専門店は、アナログ盤が見直されている時代のニーズに合致して大成功といえるのではないだろうか。長く続いてほしい。3階には映画専門館、4階にはイベントスペースもあって、リリース記念などの各種催しが行われている。ディスクユニオン（※）は本館はもちろん、紀伊国屋の並びのビルの3階にある新宿中古センターもいつも多くの客で賑わっている。その隣の書籍専門館「ビブリオフィリック」は品揃えもきめ細かい。

新宿国際劇場があった通りを甲州街道に向かって歩くとやがて南口に着く。駅前の一角にヌードスタジオの古い建物があった昔とは風景が激変した現在の南口には、Flagsの大きなビルが建つ。ここの7～10階にはタワーレコード新宿店が入っており、渋谷店とともに都内のレコードショップを代表する存在である。現在の東京で、実際に店頭でCDを探す際はやはり新宿か渋谷のタワーレコードということになるだろう。再びの東口広場を通り、駅前の縦の通りを靖国通りに抜ける途中、現在は居酒屋になっているところに、昔、松田優作がアルバイトをしていたというバーがあった。以前、女優のひし美ゆり子さんと仕事をした際に何人かで連れて行ってもらったことがあり、店内に松田優作の大きなパネルがあったことを思い出す。そのすぐ隣、靖国通りに路面した角は

※「新宿中古センター」は紀伊國屋ビル8階に移転して「新宿セカンドハンズ店」に。「ビブリオフィリック」は新設された「ユニオンレコード新宿」（写真）の書籍コーナーとなった

かつて新星堂だった。１００円ショップを経て、現在はａｕのショップとなり、時の流れを痛感させられる。

通りを渡ると歌舞伎町エリアである。新宿コマ劇場が取り壊された後、しばらくは工事中であったが、平成27年に新たなビルが竣工。階上のホテルの一角にゴジラの顔が擁された通称〝ゴジラビル〟は、観光客が常にスマホを向けて写真を撮る光景が見られる。コマ時代は何度か実演を観に訪れ、閉鎖前のラスト興行となった「最後のウエスタンカーニバル」も観た。地下にあった新宿コマ東宝やシアターアプルも懐かしい。裏道にあった名曲喫茶「スカラ座」はすでに取り壊されてしまったが、すぐ横の喫茶「王城」は建物だけが残り、カラオケ店となって営業中である。コマの裏から大久保方面へ向かった辺りには、アシベ会館が今なお健在であった。その位置にあるキャバレー日の丸やビリヤード場も昭和の面影を漂わせているが、〝ａｃｂ〟の文字があしらわれた古いビルがまだ残っているのは奇跡的だ。すぐ近くのオスローバッティングセンターでさらに昭和の雰囲気に浸った後、ゴールデン街を少し歩いて、今回の散歩を終わりとする。かつては都電の専用軌道だった遊歩道「四季の路」を通って靖国通り経由で駅へ。新宿がすべてを受け入れてくれる懐の深い街であることをしみじみと噛みしめながら帰路についた。（平成28年3月）

ゴールデン街のバー「夜間飛行」は
ちあきなおみゆかりの地

歌舞伎町に奇跡的に
残るアシベ会館

『雨の新宿コマ通り』
藤島桓夫
（昭和36年）

法善寺横丁のオブさんが唄う新宿の歌。かつての新宿コマ劇場前にあったダンスホール"新宿ステレオホール"はその後斜め向かいのビル7階へ。平成21年に閉館。

『星をみつめて歩く街』
三浦浩一
（昭和34年）

地下鉄丸ノ内線全通記念。当時は新宿が終着駅で、その先の荻窪まで延長されたのは3年後のこと。マヒナのB面『青い広場の終着駅』とともに新宿が歌われている。

『明日があるぜ』
高宮敬二
（昭和41年）

新東宝ハンサムタワーズの一員として売り出された高宮敬二が、松竹を経て東映へ移籍する直前の一枚。50年前のミラノ座前でおひかえなすって。作曲は鈴木淳。

『東京新宿恋の街』
舟木一夫
（昭和39年）

昭和39年に誕生した駅ビルとのタイアップ。名称は当初の「新宿民衆駅ビル」から「新宿ステーションビル」となり、「マイシティ」を経て今は「ルミネエスト」に。

『新宿ブルース』
扇ひろ子
（昭和42年）

任侠映画でも活躍した彼女をスターにした一曲。後に頻出する新宿演歌の先駆けとなった。ひたすら暗い詞とメロディー。こぼれ花、なみだ花、はぐれ花、夜の花。

『新宿そだち』
津山洋子・大木英夫
（昭和42年）

遠藤実が主宰していたミノルフォンレコード初期の大ヒット。B面の『愛情の街』では歌舞伎町にクローズアップ。同じコンビで『雨の新宿』もヒットさせた。

『新宿ブルース』
和田香苗ギター・トリオ
（昭和42年）※LP

こちらはギター・インストのアルバム。東口から新宿通りを臨む風景は今とさほど変わらないが、「さくらや」など今は失き店も。こんなにモダンな街灯だったか。

『新宿ブルース』
チャック・ウィリアムズ楽団
（昭和42年）※EP

4曲入りコンパクト。演奏盤の豊富さからも『新宿ブルース』の大ヒットが窺える。ジャケ写は後にフーテンの溜り場となる西口の一角にて。モデルは小畑ミキ。

『恋の西口広場』
村山 仁
（昭和43年）

スバルビル向かいの安田生命ビル上階から臨んだとおぼしき西口の風景。"若い恋の街"の詞が眩しい。地下広場でフォーク集会が開かれるのはこの翌年のこと。

『雨の新宿』
愛 まち子
（昭和42年）

新宿のヒットソングが続いた昭和42年には、ヒットこそしなかったがこんな歌も。『夢は夜ひらく』でデビューした愛まち子は、石原裕次郎とのデュエット盤もある。

『新宿サタデー・ナイト』
青江三奈
（昭和43年）

この年もまた新宿ソングの大きなヒットが生まれた。まだ花金などなかった時代、土曜の夜の解放感はまた格別。ブルースの歌姫はご当地ソングの女王でもあった。

『新宿エトランゼ』
久保内成幸とロマネスク・セブン
（昭和43年）

新宿のムードコーラスももちろんあります。吉岡治作詞のシャバダバ歌謡。コマあたりで出逢い、御苑通りで幸せに触れあって、歌舞伎町で愛は流れていきました。

『新宿マドモアゼル』
チコとビーグルス
（昭和44年）

『帰り道は遠かった』でデビューした彼らの3枚目。ヒットには至らずも、橋本淳×筒美京平によるポップな快作である。“マドモアゼル”って今は使いませんね。

『夜明けの新宿』
大西睦美
（昭和44年）

ローヤルレコードからの知られざる一枚は世志凡太が作詞・作曲を手がけている。世は正にフーテン時代。大西は新宿コマのミュージカル・チーム専属だった由。

『新宿の女』
藤 圭子
（昭和44年）

“演歌の星を背負った宿命の少女”の登場はセンセーショナルだった。新人らしからぬ歌声と存在感。翌年出された同名の1stアルバムは20週連続1位を記録した。

『新宿番外地』
津島波子
（昭和44年）

南口を出て甲州街道沿いの陸橋を降りたところの風景が描かれたジャケット。旧住所の角筈一丁目辺り。この年は大映で峰岸徹主演の同名の映画も公開された。

『歌舞伎町の女』
野村真樹
（昭和45年）

タイトルに掲げられる機会が意外と少ない歌舞伎町。曲調は同じレーベルの藤圭子を彷彿させる。野村はにしきのあきら、夏夕介とともに“スリーN”と呼ばれた。

『ワンナイト新宿』
坂上二郎
（昭和45年）

若き日には歌手を目指していたという二郎さん。コント55号でレコードを出した後、待望のソロ第1弾『花ものがたり』のカップリングがこちら。男の哀愁が漂う。

『僕たちの夢』
フォー・クローバース
（昭和46年）

ビリーバンバンの兄・孝が作詞し、弟・進が作曲したナンバー。フォー・クローバースは元フォー・セインツ。アイドル然とした衣装で京王プラザの前でポーズ。

『涙のわたしに』
本間正彦とアイドラース
（昭和46年）

昭和46年に京王プラザホテルが竣工すると、ビルを写し込んだジャケットが次々に登場した。極めて初期の一枚。爽やかな雰囲気はムードコーラスには珍しい。

『雨の新宿』
泉ゆう子・田代光一
（昭和49年）

住友ビルの竣工は昭和49年。52階建で、日本で初めて200メートルを超えるビルだった。愛称の三角ビルが歌詞にも織り込まれている本作はタイアップソング？

『新宿こぬか雨』
小松みどり
（昭和47年）

正統派新宿歌謡。中央公園の噴水から望む京王プラザの夜景と番傘を持つ和服のみどり様との絶妙なマッチング。“こぬか雨”とは音もなく静かに降る雨のこと。

『一年が過ぎて』
ペニー・レイン
（昭和51年）

大妻短大の1年生だった3人組のデビュー曲。歌には新宿は出てこない。京王プラザ、KDDIビル、住友ビル、三井ビルが並ぶ新宿高層ビル群は撮影の名所となった。

『幸せ振り』
宗田まこと
（昭和49年）

こちらも三角ビル前で。宗田まことは本名の宗田政美で女優としても活躍。このデビュー盤のジャケは2種有。翌年の『都会』では三井ビルがフィーチャーされる。

『又来てしまった新宿の街』
Jムス槇
（昭和46年）

東宝レコードの謎多き歌手、Jムスが歌う。別れた女が恋しいあまり、また来てしまった新宿。写真は少々分かりづらいが、西口の小田急デパートをバックに。

『新宿はもえる街』
上原じゅん
（昭和47年）

Jムス槇とは2枚で1セットにしたいよく似た構図。こちらのバックは新宿国際劇場のあった旧角筈の一帯。昭和26年まではムーランルージュ新宿座があった。

『なみだ恋』
八代亜紀
（昭和48年）

新宿演歌の真打登場。デビューからしばらくヒットに恵まれなかった八代の起死回生のブレイク作となった。B面の『雨のカフェテラス』では赤坂が歌われる。

『ここに愛がある』
トワ・エ・モワ ファミリー
（昭和49年）

「ラブ・サインのテーマ」の副題が付くハッピーソングは、山上路夫－井上忠夫－宮川泰という豪華作家陣に目を惹かれる。若者集まる新宿は昔も今もラブな街。

『ヨドバシカメラCMソング』
（昭和50年）
※非売品フォノシート

「おたまじゃくしは蛙の子」などのバリエーションがある「リパブリック讃歌」が原曲。新宿西口本店がオープンした際に作られ、現在も使われているお馴染みの歌。

『新宿ダダ』
山川ユキ
（昭和52年）

歌謡曲番外地に生息するやさぐれロック歌謡の傑作。これがデビュー曲というのが凄い。翌年歌った「カメラのさくらや」のCMソングが最も知られる作品だろう。

『新宿ゴールデン街』
扇ひろ子
（昭和50年）

ひろ子姐が再び新宿に降臨。山口洋子の詞が秀逸な傑作である。タモリが「オールナイトニッポン」で回転数を変えるとオカマ声になると紹介して話題になった。

『コマ劇場裏通り』
みきみどり
（昭和49年）

イカレた衣装がとにかく目立つ。自主盤ならではのパンチ力を有した歌謡グルーヴ。後ろにはコパボウルの看板。この後間もなく、カースケたちが噴水に浸かるのだ。

『ふたりの新宿』
秋しげるとビューティフル・ロマン
（昭和55年）

藤圭子の育ての親、石坂まさを作曲による男女デュオ。女性ボーカルは沢よう子。歌舞伎町を舞台にしたラブ・ストーリーが展開される。写真は大ガード前にて。

『新宿二丁目曲り角』
牧陽子
（昭和50年）

恋を失くした女が向かったのは二丁目だった。B面『陽子の辛み節』といい、世を憂いっぱなし。生きていれば今に必ずいいことがある。そんなに落ち込まないで。

『たぶん新宿』
モナオとマシュー
（平成27年）

昭和の匂いを感じさせる歌謡ポップス再び。ビロードの声を持つモナオと、バスガールでもあるマシューの軽快な掛け合いが出色でスタンダード化の予感がする。

『歌舞伎町の女王』
椎名林檎
（平成10年）

当時、一世を風靡した渋谷系をもじっての新宿系。撮影はゴールデン街にて。アルバム『無罪モラトリアム』の『丸の内サディスティック』では丸ノ内線が歌われる。

東京レコード散歩
その
18
NAKANO

中野

今回は自分が生まれ育った街を歩くので、無類の方向音痴も少しは安心である。今や秋葉原と並ぶマニアの聖地となっている中野は、都心に近くて便利な割には家賃もそこそこだし物価も安い、暮らしやすいいい街だと思う。特に地下鉄丸ノ内線沿線はオススメだが、散歩はやはりＪＲ中野駅からスタートする。

中野サンプラザがある側の北口は、かつての陸軍中野学校の跡地に複数の大学のキャンパス開校やオフィスの移転が相次ぎ、駅前広場も最近リニューアルされたばかり。風景が様変わりしている。改札口の位置も変わり、今は改札を抜けるとそのまま直進して、中野ブロードウェイへ通じるサンモール商店街へ入っていけるようになった。アーケードを潜って少し行くと、左手に店主の小父さんがひとりで切り盛りしているレコード店があったのはだいぶ前のこと。レコードの仕切り板はメーカーが誂《あつら》えた宣伝用のものを使い、小ぢんまりとしたいかにも街のレコード屋という風情がよかったが、もう店の名も憶えていない。平成になってしばらくして、いつの間にかなくなってしまった。

緩やかな上り坂をさらに進み、途中を左に曲がったところの角にある中古レコード店「レア中野店」はもうずいぶんな老舗だ。昔、ここのセールで客同士のいざこざがあり、階段の途中の壁に穴を空けた男の話は語り種となった。マニアの狂気は時に凶器となる。コワイですね。レアの目の前には、山下達郎をはじ

JR中野駅東口

中野の老舗中古レコード店「レア中野店」

め多くのアーティストに支持される都内屈指のコンサートホールを擁する中野サンプラザが聳《そび》え立つ。個人的にここでいちばん多く観たのは加山雄三だろう。昨今はハロプロ勢をはじめ、アイドルのコンサートが頻繁に行われるホールとしても知られる。先頃ついに解体・再整備（※）が発表されてしまったのは実に残念。2020年以降がメドらしいのでまだ少し猶予があるものの、常々ここの音のヌケの良さを礼賛している山下達郎氏もさぞかし嘆いていることだろう。

再びサンモールに戻ってブロードウェイを目指す。その少し手前、やはり左側にいい感じに古ぼけた古本屋さんがあった。まるで映画のセットの様な薄暗く風格のある佇まいで、銭湯の番台のように高くなっていた奥の帳場にはいつもいいご面相の女性店主が座っていた。とうの昔になくなってしまったが、今でもその場所を通る度に思い出す。ブロードウェイに入り、3階への直通エスカレーターの手前にはわが愛する不二家が店を構える。中野が素晴らしいのは、南口にも不二家があること。ひとつの街に不二家が2件あるのは珍しいのでは？ 中野に住んでいた頃にはいつもこちらでクリスマスケーキを買っていた。長いエスカレーターを降りると、昔からある広い新刊本の明屋（はるや）書店は今も健在。本社は愛媛県だそうで、最初は昭和20年代に松山の貸本店からスタートしたという老舗である。

※その後二転三転したが、令和2年に再整備事業計画が決定し、サンプラザと、隣接する中野区役所を令和6年頃から解体することが発表された

中野駅北口からブロードウェイに続くサンモール商店街

館内には「まんだらけ」の各店舗をはじめ、様々なコレクターズショップが軒を連ねる。「まんだらけ」はまだ1店舗しかない小さな店だった頃、オーナーの古川益三氏自らが店番をしていた時代から通っていたから、客としての歴はかれこれ35年くらいになる。ここ数年の通いなれたルートは、まずは3階の「まんだらけ本店」をのぞいてから、さらに奥の中古CD店「レコミンツ」（平成28年閉店）と、芸能関連のグッズを扱うTRIOへ。中央付近の階段まで戻って4階へ行き、まんだらけの各店舗、ヴィンテージ漫画のマニア館（自分はここがメイン）の後、締めは書籍専門の海馬といった具合。ショーウィンドウには不二家ファン垂涎のたくさんのペコちゃんが並んでいた。

再び3階に下りて、しょこたん×BEAMSプロデュースのmmts（マミタス）へ。マミタスはしょこたんの愛猫の名前。中川翔子は新中野に生まれ育ったという生粋の中野っ子で、同じ新中野生まれの自分としては親近感を覚えるのだ。中野サンプラザでのライブを観たこともある。ショーケースには彼女が神と崇める松田聖子のサイン入りCDが飾られていた。猫好き女子には堪らないお店であろう。ほか、2階には演歌系を主に扱う昭和43年創業のレコード店「中野名曲堂」もある。こうした街のレコード屋さんが健在なのは嬉しい。

中野ブロードウェイの3階は
両サイドに「まんだらけ」

ブロードウェイを早稲田通りに一度抜けてから、路地を曲がって建物の東側に廻り込むと、白壁に〝Broadway〟のモダンな文字看板が掲げられた風景を見ることができる。かつてのメイン入口であっただろうか。マニアの聖地に変貌した今でもここにはまだ昭和の風景が残っていて、時折眺めに行く。ちなみに昭和41年に完成したブロードウェイの開発業者は、原宿駅前のコープオリンピアを手がけたのと同じ開発業者の東京コープだったそうである。しかし、オリンピック後の不景気で完売までに時間を要したこともあり、その後は不動産事業から撤退してしまったらしい。屋上庭園やプールも擁した、当時最先端のデラックスマンションには、青島幸男や沢田研二も住んでいた。ジュリーに会うことはついぞなかったが、青島さんはサンモールで見かけた。

ブロードウェイを後にして、サンモールと並行した駅に向かう飲み屋街を歩く。酒好きには堪らないであろう魅力的な店が並ぶ。この辺りには戦後まもなくに開業し今も奇跡的に残るクラシック系のレコード店「文化堂」や、マニアアイテムを扱うフラワーレコードもある。文化堂は路地の奥まったところにあり、周りの風景も含めてまるで映画のセットのようで実に素敵。久しぶりに中に入ってみたら、昔ながらのレコード屋さん特有のいい匂いがした。タイムスリップを体感できる数少ない店のひとつだ。サンモールから一本入った路に以

東側の路地からの“Broadway”
文字看板

前あった中野武蔵野ホールという映画館は、系列だった大井町の大井武蔵野館と同様にマニアックなプログラムが売りでよく通った。隣にあったオムライスのラケルもなくなってしまったのは残念。新宿、渋谷、池袋などにもあるチェーン店だが、昔から密かなファンなのだ。さらに駅に近づき、古くからの映画館があった場所は、現在スーパーマーケットが盛業中。その広い敷地から、わりと大きな館であったと思われる。

駅の南口に抜けると、右手には一度閉店して復活したマルイ。マルイは中野が創業の地で、今も本社がある。元中野区民にとってマルイの再開は嬉しかった。中野通りを進んだ先の五差路には中野ひかり座という成人映画の専門館があり、前を通る度にいつも看板が気になったが、一度も入ることもないまま閉館になってしまった。そのすぐ近く、中野郵便局の横にかつてあった中古レコード店「オールディーズ」は地元なのでよく通った店。シングル盤の数が豊富で、カセットテープの在庫も充実しているのが楽しかった。中野公会堂へ向かう線路沿いの道には支店もあり、ちょくちょく掘り出し物に出会えたが、どちらも営業を終えて久しい。ここの系列だった中古レコード店は一時期かなりの数に及んだだろう。今では大半が閉めてしまったとおぼしい。この散歩をしていて、失われた店が多いことでつくづく時の流れを感じる。

戦後まもなくに
開業した文化堂

それから10分ほど歩いて丸ノ内線の新中野駅へ出る。青梅街道に面し、鍋屋横丁で知られるこの街こそ、自分が生まれた故郷。母方の祖父母の家もあった。その頃両親は久留美荘というアパートに住み、駅前でブラジルという喫茶店を営んでいた。近くにあった映画館「中野オデヲン座」、洋菓子のミツバチ、兄弟で経営されていた江藤文具店と江藤書店、カメラの「なるせ」などみな馴染み深い店ながら、その中で今でも営業を続けているのは「なるせ」さんのみ。私がまだ小さかったころ、店を手伝ってくれていた叔母は、新中野駅に勤務する地下鉄職員の叔父と知り合って結婚したのだった。二人が新居を構えたのは西武新宿線の都立家政駅のほど近くで、何度か連れて行ってもらった。中野区の北西部にあたる鷺宮の辺りはもう何十年も訪ねていないが、街の景色もずいぶん変わっただろう。

浅田次郎の小説「地下鉄に乗って」の舞台となったのは新中野。そして氏も鍋横生まれだそうである。昭和26年生まれの氏がこの地で過ごしたのは9歳までだったというから、都電が盛んに走っていた時代。その頃すでに営業していた「おかめや」は、自分の記憶の中で最も古くに認識されたレコード店だ。よく買い物をした青梅街道沿いの店舗だったが、もうひとつ鍋横の商店街通りにあった旧店舗が創業の店とおぼしく、自分が中野に住んでいた頃はまだ営業を続けて

著者の生まれた街、鍋屋横丁

いた。先代らしき年配のご夫婦がいらして、いつも親切にしていただいたのを憶えている。レコード店にしては変わった屋号だと当時は感じていたが、今思えば何と洒落た名前であることか。隣の中野坂上駅が高層ビルの建ち並ぶ近代的な眺めに変貌したのに対し、新中野の駅周辺は店の入れ替わりはあっても、昔ながらののんびりした雰囲気は損なわれていないことに安堵する。

　青梅街道を新宿方面に向かい、途中、中野新橋通りの入口を過ぎる。中野新橋にも10年ほど住み、子どもの頃の若貴兄弟が遊んでいるのをよく見かけた。駅前の「いつわ書店」が五輪真弓の実家だと知ったのは、ずっと後のこと。いつも本を買っていたあの小母さまは五輪真弓のご母堂だったのか。中野坂上の手前にある宝仙寺は付属の幼稚園と小学校に通い、寺には本家の墓もある。小学生の頃、参道付近で堀越の制服姿の石川さゆりとすれ違ったことがある。山手通りと交差する中野坂上の駅前を過ぎてさらに歩き、本日の最終目的地、末広橋の小公園を目指す。少し迷った後に、**『神田川』**の歌碑に辿り着いた。初めて訪れたのに何故か懐かしい。すぐ横を流れる神田川沿いを外国人の女性が連なって歩いているのを眺めながら、昭和と平成が行き交うちょっと不思議な感覚に陥った。末広橋の上から新宿の高層ビル群を遠くに臨む風景は、夕暮れ時分ともあって穏やかな郷愁に満ちていた。（平成27年3月）

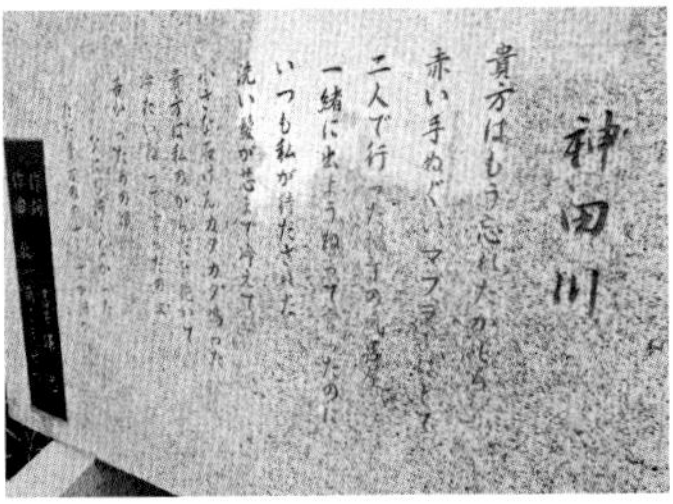

末広橋近くの『神田川』歌碑

『中野区歌』
立川澄人
（昭和43年）

東京百年、中野区役所新庁舎落成記念の中野まつりが開催された折に制定された区歌。堀内敬三の作。B面「中野区民歌謡」は古賀政男の作曲で都はるみが歌う。

『神田川』
南こうせつとかぐや姫
（昭和48年）

'70年代フォークを象徴する一曲。歌碑は中野区の末広橋にあるが、実際には作詞の喜多條忠が住んでいたアパート、高田馬場の戸田平橋辺りが舞台といわれる。

『ナベヨコ・ソウル』
牧伸二とブラックジャック
（昭和52年）

中野に住んでいたこともあるという師匠。これは姉妹が鍋屋横丁で小料理屋を営んでいたことにちなんで作られたソウル歌謡。踊れ歌え！ ファンキーナイト！

『電信柱にひっかけた夢』
長渕 剛
（平成2年）

『しょっぱい三日月の夜』などが収録されたアルバム『JEEP』より。東中野駅前が登場する。やはり同盤収録の「西新宿の親父の唄」はドラマ「北の国から」に使われた。

『永遠のギターキッズLIVE Vol.2』加山雄三
（平成12年）

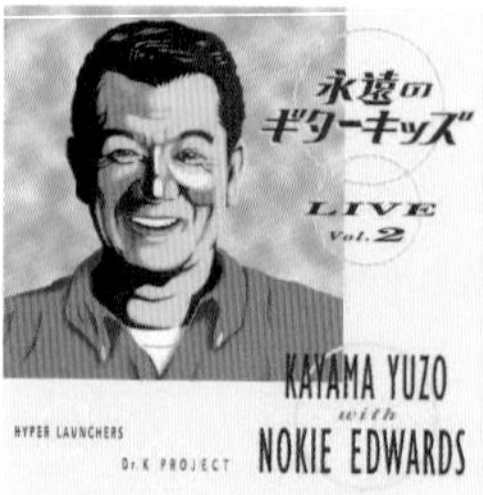

'98年に元ベンチャーズのノーキー・エドワーズと競演した際のライブ盤はインディーズレーベルから。サンプラザは加山にとって40年来のホームグラウンド。

『Go!Fight!腐女子シスターズ』
中野腐女子シスターズ
（平成20年）

現在は風男塾（中野風女シスターズ）として活動している男装アイドルの1stシングルカップリング曲。詞と曲ははなわ。"腐女子"は死語になりつつあるのかな。

『中野坂上』
井上由美子
（平成23年）

大阪出身の演歌歌手が歌う悲恋ソング。作詞・里村龍一、作曲・弦哲也。青梅街道と山手通りの交差点を中心とする中野坂上周辺は昔と今とでは風景が一変した。

『中野グラフィティ』
木根尚登
（平成22年）

アルバム『中央線』の中の一曲。中野の丸井で5万のギターを月賦で買う話がリアルだ。中野は丸井発祥の地でもある。ほかに『新宿物語』『四ツ谷ロマン』など。

『1116』
THE ポッシボー
（平成26年）

悲願だったサンプラザでのライブが開催された11月16日をタイトルに掲げたアルバム。初回限定盤は“中野盤”としてリリースされた。写真はジャケの裏面。

『働くオンナ』
どぶろっく
（平成25年）

歌ネタでブレイクした彼らの1stシングル『もしかしてだけど』カップリング。中野駅前の不動産屋で働く星野さんも、どうやら俺のこと誘ってるんじゃないの？

『駅前には中野サンプラザ』
坊坊主
（平成27年）

サンプラザ中野くんとバイきんぐ小峠のスキンヘッドコンビによるユニットのデビューアルバム『励ます』の中の一曲。ついに中野サンプラザが曲のタイトルに。

『9lives』
中川翔子
（平成26年）

新中野に生まれ育ったしょこたんのアルバム。愛猫マミタスとパチリ。彼女の深い中野愛は著書「中川ブロードウェイ」に詳しい。『綺麗ア・ラ・モード』は名曲。

東京レコード散歩 その 19 KOENJI

高円寺

バンド・ブームを背景にしたみうらじゅんの自伝的漫画「アイデン&ティティ」の舞台となった高円寺。未読だが村上春樹の「1Q84」にも登場するらしい。かつて日本のインドと呼ばれた街は、駅の北側・南側併せて10以上の商店街が広がり、雑多でどこか懐かしく、妙に居心地のいい雰囲気を醸し出している。最近では古着屋さんなども増え、女子率も高めの侮れない街なのだ。

　駅の北口を出て左前方奥に入口のアーチがかかる高円寺純情商店街は、以前は高円寺銀座商店街という名だったが、直木賞を獲ったねじめ正一の小説を機に改名された。まだ名が変わって間もない頃、偶然にもアーチの真ん前で知り合いと立ち話をするねじめさん夫妻を見かけたことがある。写真を撮らせてくださいと申し出ようかとずいぶん迷った末、結局言い出せなかった。こういう話はやっぱり物的証拠がないと信じてもらえませんよね。勇気を出して頼めばよかった。そのすぐ手前、駅前広場には新星堂のレコードショップが長らくあったが今はもうなくなり、飲食のチェーン店に替わっている。同店はその後昭和歌謡やフォークに特化した専門店「高円寺レコード」をパル商店街に開いたが、それも5年ほど前に閉店してしまった。少しだけ早過ぎた試みだったのかもしれない。

　商店街を入って少し進んだ角のビルの3階にある中古レコード店「五十歩百

駅前広場にあった新星堂が今は
飲食のチェーン店に替わっている

歩」はわりと最近できたお店で、行く度にフレンドリーなオーナーさんとつい話し込んでしまう。最初の頃はシングル盤をセット売りされていたのが面白く、しかも安いのでたくさん買い込んだ。この日もちょいと珍しいシングル盤を1枚購入。オーナー自らデザインされたという買い物袋が可愛らしい。レコード初心者にも親切にいろいろ教えてくださるので、初めての方も怖がらずに訪ねてみてほしい。

JRの高架下、アジアン雑貨屋さんの隣には、老舗の中古レコード店「レア」(※)の高円寺店が今もある。ここでの大物確保の記憶はあまりないのだが、均一台やカセットテープの拾いものなど、昔からお世話になっている。高架下をさらに荻窪方面に進むと古本屋(※※)さんがあり、通りすがりに外の均一棚を眺めるのは小さな楽しみ。この日は三月書房の函入り本、戸板康二「わが交遊記」があったので100円で買う。そこから線路沿いの道に抜けるとすぐ、ちょっと奥まった建物の2階に知る人ぞ知る喫茶店&レコード店&ライブスペースの円盤(※※※)が現れる。店主の田口史人さんはレーベルを主宰したり、復刻CDを監修したりと多方面で活躍されている有名な御仁。氏が各地で開催している「レコード寄席」は音盤への愛に満ち溢れていて好もしい。私も隔月で毎回テーマを決めてレコードをかける催しでお世話になっているが、昼間ここを訪れた

※平成31年4月末、つまり平成の終わりと共に閉店。40年の歴史に終止符を打った。中野店、吉祥寺店は健在

※※昭和7年創業以来長らく営業を続けていた都丸書店も令和2年いっぱいで閉店。淋しい

※※※令和2年、田口さんが長野県伊那へ本拠地を移したのを機に、高円寺店も「円盤」から「黒猫」に名を替えて盛業中

のは初めてではないか。いきなりの訪問で田口さんは不在だったが、店の人にお願いして写真を撮らせていただいた（その後、田口さんが上梓された「レコードと暮らし」は10年に一度の名著。レコード好きは必読）。一旦駅前まで戻ったところで、「ラジオ歌謡選抜」の相方、長井英治さんがさらに合流。いつものT氏との静かな2人散歩とは少し趣が異なり、3人での賑やかな行脚となる。

今日のひとつの目的として、70年代に活躍した3人組のグループのけい子とエンディ・ルイスのシングル**『中野・阿佐ヶ谷・高円寺』**（75年発売）のジャケットに写る八百屋さんが高円寺の店らしいので見つけてやろうという企てがあった。しかしいくつかの商店街を歩いたがどうしても見つからない。半ばあきらめて庚申通り商店街をずんずん進むと、新しくオープンしたばかりの古本屋さんを偶然発見。ご祝儀代わりにお洒落切手の本を1冊買った。女性店主らしい綺麗な店内で、値付けも良心的。末永く続けてほしい。

早稲田通りまで出て、今度はあづま通り商店街を駅方面へ戻る。途中にある中古盤店「ヨーロピアンパパ」は定休日だったらしくシャッターが下りていた。少し前にツイッターでここの飼い猫・ウェンディちゃんが行方不明になったという拡散ツイートを読んで心を痛めていたが、どうやら無事戻ったらしく、シャッターにもその報告が貼紙してあった。よかった、よかった……。そ

高架下の古本屋の均一棚を
眺めるも一興

の先には以前よく通ったレコード店「THE55」があったが、すでに閉店して久しい。さらに駅近くにはマニアックな品揃えの本屋さん「高円寺文庫センター」や、カルトな作品が揃うレンタルビデオ屋さんなどもあったのだが、いずれも閉店してしまった。件の八百屋さんももうないのだろうか。時は巡り、見慣れた街もいつの間にか少しずつ様子が変わってゆく。

再び高架を潜って、アーケードのあるパル商店街を歩く。この辺は高円寺でいちばん人通りの多い場所だろう。最も駅寄りに位置するカバン屋さんには、とてつもない美人店員さんがいるという噂があるので、ご興味のある向きはぜひ。その際は冷やかしでなく、必ず何か買い物をしてくださいね。そのまま進むとルック商店街となり、やがて青梅街道に行き着くが、今日は途中で交差するエトアール通りを右折。通りの名はかつてエトアール劇場という映画館があったことに由来するそうで、その位置を寡黙そうな米屋さんのご主人に尋ねたところ、「今、西友になっているとこ」とボソッと教えてくれた。人は見かけによるものだ。これはまったく予想通りで、中野と同じケース。映画館は敷地が広いので、跡地にスーパーが建つというパターンは多そう。昔は中野にも高円寺にも映画館があったのに、今や中央線は吉祥寺まで行かないとロードショー館はないのがちと寂しい（名画座では隣駅の阿佐ヶ谷にラピュタ阿佐ヶ谷があり、

かつてあったエトアール劇場という映画館にちなんで命名されたパル商店街

よく練られたプログラムで熱心な映画ファンに愛されている）。

車の通る広い高南通りを駅南口方向に戻り、自分の愛してやまない洋菓子店「トリアノン」の喫茶室を今日の散歩の終息地とすることにした。看板の文字の昭和度からして堪らない老舗。ショートケーキやアップルパイといったベーシックなラインナップに安堵しながら、紅茶とロールケーキを食す。結構歩いたので甘いものが身に沁み渡る。甘党の観点では、美味しいケーキ屋さんのある街は絶対にいい街と決まっている。ちなみに荻窪にも阿佐ヶ谷にも中野にもあるスタバが高円寺にないのはちょっと不思議。余力があれば青梅街道沿いの新高円寺や東高円寺も歩きたかったところだがいささか疲れてしまった。

丸ノ内線の東高円寺駅の近くには、吉田拓郎も一時期住んでいたそうで、**『高円寺』**という曲があるほか、アルバム**『人間なんて』**のジャケットも高円寺のアパートの階段で撮影されたのだという。昔は蚕糸試験場という研究所だった場所が今では広い蚕糸の森公園となり、近隣住民の憩いの場となっている。私事であるが、子どもの頃に何年かを家族と過ごし、現在は仕事場を置いている愛すべき地である。毎年カルガモがやってくる公園の池を眺めていると、都会の喧騒を忘れて穏やかな気持ちになれる。環七沿いのホープ軒本舗も健在であります。（平成27年3月）

看板の文字の昭和度からして堪らない老舗「トリアノン」

『人間なんて』
よしだたくろう
（昭和46年）

吉田拓郎が当時住んでいた、東高円寺のマンションの外階段で撮影されたジャケット。現場を訪ねたみうらじゅん氏によれば、この写真は逆版だそうである。

『高円寺』
よしだたくろう
（昭和47年）

『人間なんて』の次のアルバム『元気です。』に収録。『春だったね』『夏休み』など名曲揃い。高円寺とフォークの相性の良さはこの曲に端を発するのかも。

『中野・阿佐ヶ谷・高円寺』
けい子とエンディ・ルイス
（昭和50年）

ピンキーとキラーズのメンバーだったエンディとルイスに、ボーカルのけい子を加えたグループ。「週刊平凡」で公募された詞に平尾先生が曲を付けている

『東高円寺』
今陽子
（昭和50年）

一方で、ソロとなったピンキーも同時期に高円寺の歌を出したのは単なる偶然？ 杉本真人作曲による、軽快な歌謡ポップス。杉本もセルフカバーしている。

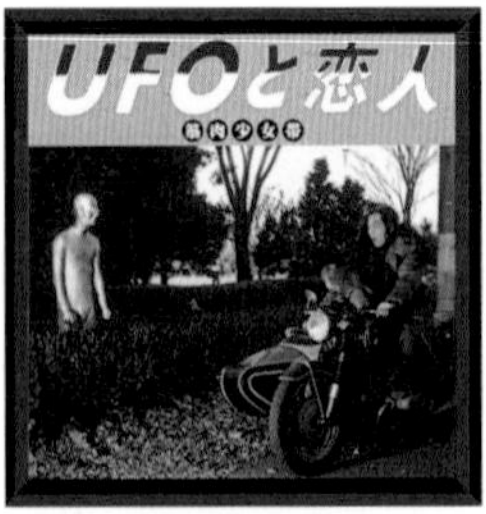

『高円寺心中』
筋肉少女帯
（平成5年）

大槻ケンヂが結成したロックバンドの8thアルバム『UFOと恋人』より。ブルーハーツ『リンダリンダ』へのオマージュを感じさせる歌詞あり。大槻は中野区出身。

『ブンブンビート阿波踊り』
M·C·チータ
（平成7年）

サンディー作詞、久保田麻琴作曲。水前寺清子が“M·C·チータ”名義で大いにハッスル。フジテレビの「キッカケサンバ」然り、チータは常にフレキシブル。

『アイデン&ティティ Soundtrack』ボブ・ディラン（平成16年）

映画「アイデン&ティティ」の最後に流れる『ライク・ア・ローリングストーン』をはじめとするディラン・コンピ。もちろんみうら氏のイラストによるジャケ。

『アイデン&ティティ』オリジナルサウンドトラック（平成15年）

みうらじゅんの漫画を原作に、宮藤官九郎脚本、田口トモロヲ監督で映画化された際のサントラ盤。音楽は白井良明、遠藤賢司、大友良英。歌は峯田和伸ほか。

『ぞめき壱 高円寺阿波おどり』（平成22年）

徳島が本場の盆踊りは東京・高円寺でも50年以上続き、毎年夏の終りに多くの人が集まる。その偉大なリズムと歌を久保田麻琴が録音に収めた実況盤シリーズ。

『東京夜曲』かとうれい子（平成21年）

優しい歌声に癒されるデビュー・シングル。高円寺の四畳半でひとり暮らしする女性の心情はあまりに昭和的。かとうれいこじゃありません、かとうれい子です。

『高円寺』中島卓偉（平成25年）

17歳のときから約7年間を過ごしたという街でのリアルストーリーが綴られる。8分にわたる長編はアルバム『BEAT&LOOSE』収録。「ヨーロピアンパパ」も登場する。

『高円寺ラブサイン』みちこ&けんじ（平成24年）

数少ない高円寺のムード歌謡。サザンクロスの生田目章彦作によるノリのいいデュエットナンバー。プロフィールには、駅の近くでカラオケ喫茶を経営とある。

東京レコード散歩 その

20

OGIKUBO

荻窪

中野~杉並で生まれ育った自分にとって、この街は馴染み深い街。もともと父方の実家があった戸籍上の本籍地でもあるため、子どもの頃から見てきたが、駅前の風景はさほど変わっていないように思う。特に北口を地上に出て右側の一帯、線路沿いに連なる商店街などは今なお昭和の趣で、タイムスリップしたかのような気分にさせられる。青梅街道に面したバスターミナルにしても、昔と構造は変わっていないから、訪れる度に懐かしく思うのだ。そもそも荻窪や阿佐ヶ谷など杉並界隈には関東大震災以降、下町から多くの作家たちが移り住んで文士村と呼ばれた文化の香り高き街。井伏鱒二の「荻窪風土記」などは殊に有名だろう。昭和37年の開業当時は〝荻窪線〟と呼ばれていたという地下鉄丸ノ内線の始点・終点の駅であることも、独特の雰囲気を築いている要因と思われる。

雨が降ってきたので駅前のドン・キホーテでビニール傘を買ってから青梅街道を下る。以前は新星堂の本社があり、通りに面したショップも別にあったのだが、今は見当たらない。気になって後から同社のホームページを確認したら、荻窪の店舗はすでになく、本社もつくば市となっていた。数年前に資本が変わって変動があったらしい。すぐ並びにある杉並公会堂は10年近く前に建て替えられてすっかり綺麗になったが、重厚味があってモダンだった以前の建物

闇市の残り香がある飲み屋横丁、荻窪銀座。
昔から構造は変わっていない

Photo_Oggi

荻窪にあった新星堂本社

にやはり馴染みがある。子どもの頃に習っていたピアノの発表会があったことや、マニアが集結した「アマチュア連合特撮大会」の第2回が催されたのはよき思い出だ。かの実相寺昭雄の演出による昭和41年の「ウルトラマン前夜祭」（翌週からスタートする「ウルトラマン」の宣伝番組だった）の中継会場であったことから、特撮ファンにとっての聖地でもある。

その真ん前にある和菓子店「亀屋」の健在を確かめつつ、少し先の環八との交差点、四面道の手前にある「象のあし」（※）にも立ち寄る。雑誌のバックナンバーが充実していて有り難い古本屋さん。かつては東横線沿いの中目黒や学芸大学、渋谷や高田馬場にもそれぞれユニークな名前の系列店があったが、現在はここと西荻窪の「ねこの手」が盛業中。

駅の方まで戻り、有名なラーメン店「春木屋」の前を通る。看板に〝昭和24年創業〟とある老舗は、とあるテレビ番組で仕掛けられた荻窪ラーメン戦争によって一躍全国に知らしめられた、東京ラーメンの代名詞的存在。デビュー前に荻窪で流しをしていたというこまどり姉妹も、この店でラーメンを食したことがあるだろうか。すぐ横の路地を入ると線路脇にこじんまりとした「月光社」がある。東京の中古レコード店の中でも一、二を争うんじゃないかと思える風情のある佇まいは、まるで映画「ALWAYS 三丁目の夕日」のセットの

※平成31年1月に閉店

昭和24年創業の春木屋

すっかりモダンな建物になった杉並公会堂

一部のよう。平成も27年を数えた東京の街に奇跡的にその姿をとどめている。荻窪銀座と呼ばれるこの一帯は、戦後の闇市に端を発する古い商店街で、月光社は場所を少し移しつつもその誕生当初から営業を続けている一軒だそう。久しぶりにのぞいてシングル盤を2枚購入した。先代のご主人の傍らにいつもいらした息子さんが店を継がれたようすで、感じのいい接客が気持ち良い。この店の特徴はシングル盤のエサ箱が珍しくメーカー別に陳列されていること。昔日の街のレコード屋さんにはこういった棚が多かったと思い出される。勝手なことを言えば、改装などされることなく、ずっと今のまま続けていただきたいお店である。

月光社の前の地下通路を潜って南口側へ渡る。荻窪は古書店も充実しており、NTTの並びにある「ささま書店」(※)は素晴らしい品揃え。店内はもちろん、外の均一棚のクオリティが群を抜いている。行く度に必ずといってよいほど買うものがあり、良心的な値付けも含めて個人的には都内で一、二を争う好きな古本屋さんだ。この日も芸能系の珍しい資料集を安価で買えて嬉しかった。他にも、南口を出た真ん前には岩森書店、その横の商店街を入ると左手に竹中書店という老舗がある。この仲通り商店街の途中、レコード店(いろいろ調べたが名前が分からなかった。ご存知の方がいらしたらご教示願いたい)が

※令和2年4月に閉店。余りにも惜しい。再開が望まれる

風情のある佇まいの
月光社(右)

あった角を左折して少し行った左側の地下一階に、伝説のライブハウス「荻窪ロフト」があり、錚々たる面々がライブを繰り広げていたそうである。昭和49年から5年間ほど存在したという同地には、ティン・パン・アレイやムーンライダーズ、RCサクセションらが出演し、昭和51年のシュガーベイブのラスト・ライブもここで行われた。つまりは細野晴臣も大瀧詠一も山下達郎も訪れていたわけで、当時生でライブを体験できた人生の先輩方を心底羨ましく思う。

私事ながら、子どもの頃から歯医者さんはずっと同じ荻窪の医院にお世話になっている。何年か前に移転して駅から近くなった医院は西口からすぐのところにあり、そこへ行く度に思い出すのが、30年ほど前にそのすぐ側でピープロの社長だった鷺巣富雄さんに会ったことだ。ピー・プロダクションはかつて「マグマ大使」や「ハリスの旋風」、「電人ザボーガー」といった特撮やアニメ作品の制作会社として名を馳せていたが、80年代になるとほぼその役割を終え、世田谷の社屋をたたんで荻窪の小さな事務所に移転していた。その頃、懐かし系のテレビ番組で使う素材フィルムを借りに行った際、鷺巣氏が直接対応してくださり、長時間にわたって思い出話を伺うこととなった。東宝撮影所で円谷英二に師事した話から、漫画家・うしおそうじとしての時代、ピープロを創設した頃の話など。アポの際の電話の様子から察してはいたものの、まさか社長自らが応対されるとは思わなかったが、おそらくその頃はおひとりで事務所を切り盛りしておられたとおぼしい。同時期に「サザエさん」でおなじみのエイケンを訪ねた折には、実弟の鷺巣政安さんにも会うことができたのも貴重な体験だったと思う。政安さんは今もお元気と伝え聞いており、何よりのこと。おふたりともどこの馬の骨ともわからない若僧に対して、優しく丁寧に接してくださったのが印象深い。杉並公会堂といい、考えてみたら荻窪は特撮に何かと縁のある街なのであった。

北口から青梅街道を渡ってすぐ現れる細い路地は教会通りといって、以前は古本屋さんが何軒か並んでいた、いい感じの商店街。この道をくねくねと歩いて、途中何回か曲がると公園が現れ、その一角に杉並郷土博物館分館がある。最近では〝杉並にあった映画館展〟という展示を訪ねたが、それまでにも田河水泡ののらくろや、ソノシート展など、魅力ある展示を行っていて、図録の資料的価値も高い。とてもいい環境にあるので近隣の方は一度訪ねてみてはいかがだろうか。上荻には杉並アニメーションミュージアムもあり、さすがは文化レベルの高い街。かつての文士村のスピリッツがしっかりと根付いている。

(平成27年10月)

新星堂のお膝元だった荻窪。
昔はルミネの中にも店舗があった

『ラーメン節』
白根一男
（昭和39年）

ラーメン・ソングをもう一枚。この頃、ラーメンを題材にした歌謡曲がわりと多いのは、国民食となった証しであろうか。B面の『番外地小唄』は放送禁止歌だった。

『涙のラーメン』
こまどり姉妹
（昭和38年）

デビュー前に流しをしていたという荻窪には、師・遠藤実のレッスン場もあり、二人にとって思い出の地。仕事の後のラーメンがなによりの楽しみだったという。

『荻窪二丁目』
南こうせつ
（昭和50年）

かぐや姫解散後のソロ・ファースト・アルバム『かえり道』所収。荻窪二丁目は実在する地名で、駅より南の高井戸寄りの区域。環八には同名の交差点もある。

『荻窪ブルース』
川路久美子
（昭和48年）

“ブルース”と名の付く歌は多くの街に存在するが、荻窪は自主盤でクリア。サイン入りは手売りされた証明だ。3番の歌詞にある“いつものスナック”はどこ？

『冒険ロックバット』
水木一郎、コロムビアゆりかご会
（昭和50年）

ピープロ自社制作の最後となった作品。キャラクターデザインをうしおそうじこと鷺巣富雄が手がけ、主人公のロックバットの顔は鷺巣自身がモデルらしい。

『DOWN TOWN』
シュガーベイブ
（昭和50年）

山下達郎を中心に昭和48年に結成され、51年に解散した彼らが、活動中に出した唯一のシングル。伊藤銀次の詞には『ラブユー東京』をヒントにしたというワードが。

『東京五輪音頭』

（昭和38年）

アジア初の開催となった昭和39年の東京オリンピックに先駆けて多くの関連レコードが相次いで出され、『東京五輪音頭』はNHK制定でメーカー6社の競作となる。その中で、三波春夫が歌ったテイチク盤が最もヒットした。

橋 幸夫（ビクター）

北島三郎・畠山みどり（コロムビア）

三波春夫（テイチク）

三橋美智也（キング）

坂本 九（東芝）

大木伸夫・司 富子（ポリドール）

東京レコード散歩 その 21 KICHIJOJI

吉祥寺

ここ何年もの間、東京の住みたい街ランキングの上位を維持している吉祥寺。かつては常に1位であったと記憶する。たしかに商店街は充実しているし、閑静な住宅街は駅近だし、井の頭公園があるので自然も豊か。文化の香りのする文教地区でもある。駅はJR中央線だけでなく、京王井の頭線の始終点でもあり、新宿にも渋谷にもアクセスしやすい。そして何より、古書店や中古レコード店事情も悪くないところが個人的には高評価なのだ。楳図かずお、江口寿史両先生も住まわれており、漫画家にも愛される街。初秋の一日、いつも通り活気に満ちたジョージタウン（死語？）を歩く。

ずっと工事中だった駅は先頃ようやく整備が終わり、綺麗に生まれ変わった。いくら昭和好きでも、こういったインフラが重視される場所に関しては、昔の方がよかったなどとは言わない。利便性の向上は大いに結構なことである。井の頭口のエスカレーターを下りて狭いバス通りへ。飲食店が並ぶ中、古本センターのあるビルの2階に、かつて「ディスクオーツカ」という中古屋さんがあった。決して安い値付けではなかったものの、マメに覗いていると結構なレア盤に巡り会えることも多く、吉祥寺のレコードハンティングの起点はいつもここだった。木造りのレコード棚が懐かしい。現在は通販専門で営業されているらしい。さらに進んで井ノ頭通りと交わる直前、通りの入口には、以前

生まれ変わった吉祥寺駅。映画「完全な遊戯」に出てくる吉祥寺駅との見比べも一興

はジョージだったレア吉祥寺店がある。ここも長くお世話になっている店で、ジョージ時代はいつも客が多く、ずいぶんといい買い物をさせてもらった。店に入ってまず、ピックアップされた新入荷品が並ぶ壁のレコードを一瞥して欲しいものがあれば確保してから、まずはシングル棚をゆっくりと漁ってゆく。中古屋巡りの醍醐味をストレートに味わえる店だった。知人によれば、閉店の際のセールは本当に投げ売りだったそうで行けなかったのが悔やまれる。それでもレアが引き継いでくれたのは有り難い。この日も初めて見るムードコーラスの自主盤を一枚買えて満足。こういう他人には決してうらやましがられない、あくまでも私的な収穫がいちばん愉しい。

　井ノ頭通りをしばらく歩いて、「ココナッツディスク」といういつものコース。その途中にある駐車場は、昔はショッピングモール「ロンロン」のそれで、家族で吉祥寺を訪れた際にいつも利用していた。右手にヴィレッジヴァンガードのカフェが見えたら、そのすぐ向かいの路地を入ったところがココナッツディスクの吉祥寺店。こちらのお店のロケーションの素晴らしさは、行ったことはないが西海岸にあるレコードショップはこんなだろうという洒落た造りで、番組のロケなどにもよく使われている様子。この店ならレコードに興味のない女子を連れていってもきっと怒られないんじゃないか。

洒落た作りの中古レコード店
「ココナッツディスク」

※令和2年5月閉店。昭和63年の創業以来、吉祥寺のランドマーク的存在のフレンチだった

こちらでもシングル盤とLPを何枚か買ってから、駅方面に少し戻って井の頭公園を目指すことにした。レコード散歩は必然的に買い物をしてしまうので、しだいに荷物が重くなってゆくのだ。伝説の吟遊詩人、高田渡も常連だったという有名な焼鳥屋「いせや」を右に見ながら道を進み、洒落た佇まいのフランス料理店「芙蓉亭」（※）の前の道を斜めに折れると、公園のエリアに入る。道の途中にあった、昔、父親と一緒によく訪れた珈琲店はもうなくなっていた。たしかモカという店だったと思う。コーヒーが描かれた切手の額が店内にかけられていたのを憶えている。公園のほとりにある和歌水は大人の休憩所、つまりラブホテルであろうが、かなりの年季を感じさせる古風な建物で若いカップルは足を向けないだろう。看板を見ていたら往年の喜劇女優、若水ヤエ子の顔を思い出してなんだか可笑しくなってしまった。

井の頭公園といえば、デートで来たカップルが別れるという都市伝説が有名だが、そんなことより、自分たちの世代にとってはやはり青春ドラマ「俺たちの旅」の舞台になった聖地ということにこだわりたい。お馴染みの噴水は今も変わらず、池に架かる橋を渡っていると、自分がカースケ（中村雅俊の役名）になったような気がしてくる。ブランコを漕ぐ岡田奈々の可憐な姿が思い浮かび、耳の奥では主題歌**『俺たちの旅』**と**『ただお前がいい』**が回る。これだか

井の頭公園といえば
「俺たちの旅」

かつての京王線
井の頭公園駅

ら ロケ地巡りはやめられない。ちなみに彼らが住んでいたアパートは杉並区方南にあって以前見に行ったことがあるが、今は解体されてしまったそうで残念。二度と見ることができない失われた風景を思うと切なくなる。

少女漫画「ガラスの仮面」にも登場する野外ステージの横の緩やかな階段を通って公園エリアを脱し、以前に仕事で訪れたことがあるという同行のT氏の案内で、噂高き楳図かずお邸を目指す。しばらく歩くと、閑静な住宅街の中に赤白ツートーンの可愛らしい家が現れた。庭の木々に隠れているせいかそれほど目立たず、高台に建っていることもあって、教えられなければ気づかずに通り過ぎてしまう感じ。楳図先生の漫画はリアルタイムでは「まことちゃん」や「漂流教室」世代であるが、後追いで読んだ作品では「ウルトラマン」が好き。一峰大二版とはまた違った魅力がある。それにしても恐怖漫画が多かったあの画風のために、ギャグ漫画の「アゲイン」にしても「まことちゃん」にしても、なんだか無性に怖かった。ギョエーッ！

再び井ノ頭通りに戻り、駅方面に向かう途中にある古書店「よみた屋」も吉祥寺に来る度に立ち寄る店である。充実した店内の棚もさることながら、ここは店頭の均一棚が面白い。特に結構古い新書や文庫が充実していて、来ればだいたい必ず何か買うものがあるのが常。この日もまた、早川書房のポケミス

楳図かずお邸近くのガード下の制限高表示

（＝ポケットミステリー）とカッパブックスの未所持だった古いタイトルが安かったのでつい買ってしまい、バッグがどんどん重くなってゆく。駅前広場を経て、吉祥寺の賑わいの中心ともいえるアーケード商店街のサンロードに入り、少し先を左折すると、ディスクユニオン吉祥寺店（※）がある通り。これまた寄らずにはいられない。そしてまたもや買い物を少々。以前は名古屋が本拠地のバナナレコードもこの通り沿いのビルの2階に出店していたり、近くのプチロードに神保町トニイレコードの支店があったり、さらにはレンガ館の4階にレコファンもあるという、ちょっとしたレコード店の密集ゾーンであったが、現在でも残っているのはユニオンだけである。吉祥寺の今はなきレコード店では、輸入盤専門の芽瑠璃堂を忘れちゃいけない。後に渋谷に店を構える前、吉祥寺の中道通りで昭和49年にオープンしたという。当時は小さな店ながら、まだ珍しかった輸入レコード店には多くの人々が訪れ、正に伝説的な店であった。その後、原盤制作を行うインディーズレーベルの草分け、ヴィヴィド・サウンドへと発展するが、10年ほど前に原点回帰で芽瑠璃堂（※※）もオンラインショップとして復活し現在に至る。青山パイド・パイパー・ハウス同様、吉祥寺時代の芽瑠璃堂を知っている人はかなり古くからのレコード好きといえるだろう。（平成27年10月）

※令和2年10月に吉祥寺パルコの地下へ移転した。元の店の近くでは平成29年3月にオープンした「HMV record shopコピス吉祥寺」が営業を続ける

※※平成31年4月に埼玉県坂戸でリアル店舗も復活させた

吉祥寺の賑わいの中心ともいえるサンロード

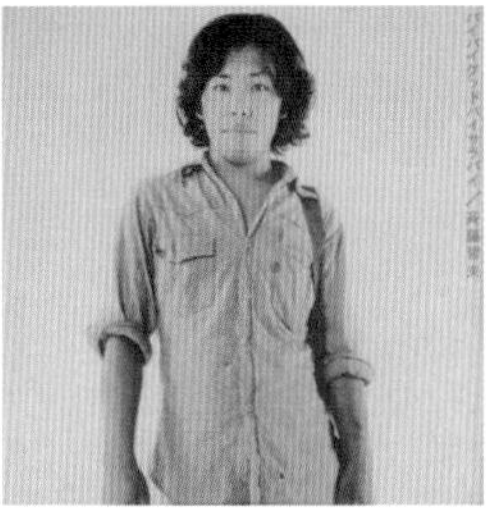

『吉祥寺』
斉藤哲夫
（昭和48年）

URCからCBS・ソニーへ移籍して最初のアルバム『バイバイグッドバイサラバイ』に収録された、そのものズバリの吉祥寺ソング。ジョージにフォークはよく似合う。

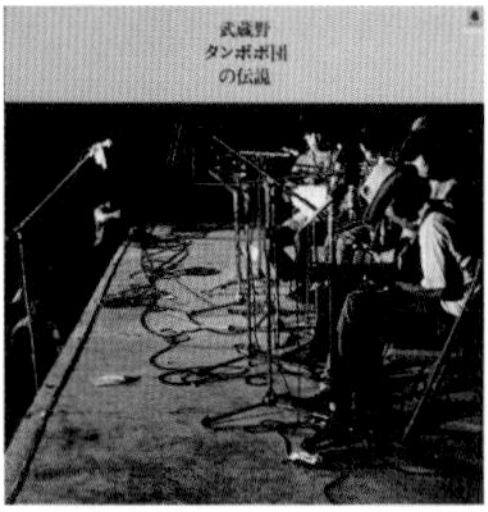

『吉祥寺ブルース』
武蔵野タンポポ団
（昭和47年）

'70年代前半、ライブハウス「ぐわらん堂」に集まっていた高田渡らによって結成されたジャグバンド。原曲の『サンフランシスコ湾ブルース』を独自の解釈で。

『生きる』
田中 健
（昭和51年）

「俺たちの旅」からもう一枚。オメダこと田中健が歌う挿入歌は、第21話「親父さんも男なのです」ほか何回か使われた。いずみたくの作曲で『ふれあい』の趣。

『俺たちの旅』
中村雅俊
（昭和50年）

青春ドラマの傑作「俺たちの旅」の舞台となった吉祥寺は、ファンにとっての聖地。井の頭公園には当時のままの風景で思い出に浸れる。男はみんな淋しいのです。

『懐しのジョージ・タウン』
中原理恵
（昭和55年）

デビュー曲『東京ららばい』から続いていた、松本隆＝筒美京平コンビによるシングルの第7弾。“浮かれすぎた季節の街”の夜には、寂しい女がなぜか似合う。

『ふたりの吉祥寺』
和田浩治・山内利江子
（昭和52年）

田村順子ママが詞を書き、ハマクラが曲を書いたデュエット。男パートはどれも日活映画の台詞のよう。大人の男女による軽妙なかけ合いに思わず顔がほころぶ。

『ウ・ラ・ギ・リ・マ・ス』
横田早苗
（昭和58年）

セカンド・シングルのB面曲。吉祥寺のYesterdayで出逢った友達の恋人を好きになるという、微妙な三角関係が描かれる。横田はこの年デビューの新人だった。

『ジョージタウン ララバイ』
今井 久とパープルシャドウズ
（昭和56年）

『小さなスナック』の大ヒットで知られるGSバンドが復活しての新曲。ジョージタウンの呼び名はこの頃の流行りだろうか。曲は'80年代初頭らしいAOR調。

『井の頭公園』
山本ゆかり
（昭和63年）

昭和59年に中森明菜の妹分として研音から売りだされた山本ゆかりは、『ギンギラ御嬢』などツッパリ路線が主だった。秋元康＝見岳章による本曲がラストシングルに。

『2人の吉祥寺』
シルビア
（昭和61年）

秋元康の作詞による不倫の歌は、焼酎「さつま小鶴」のCMソングだった。赤坂や六本木で浮名を流した後に辿り付いた大人の女の行先は吉祥寺。作曲は三原綱木。

『楳図かずお』
グループ魂
（平成27年）

結成20周年記念アルバム『20名』はすべて人名がタイトルとされ、その中で歌われた楳図かずおはジャケットにも登場した。アート・ディレクションは安西肇。

『グワシ!!まことちゃん』
KAZZ
（昭和54年）

吉祥寺の顔、楳図先生がKAZZ名義で歌うまことちゃんソング。作詞作曲も本人による。中面には振付けも有。楳図先生はいっぱいレコードを出しているのら〜。

東京レコード散歩 その22 SHIMOKITAZAWA

下北沢

中野や杉並で生まれ育った自分にとって、下北沢は近場でありながらも学生時代には特に縁のない街だった。頻繁に訪れるようになったのは社会人になってからのこと。当時の仕事場で上司にあたるN氏が住んでいたマンションにお邪魔したり、たまに泊めてもらったりするようになる。そのうちに自分好みの古い玩具を売っている店や中古レコード店、古本屋などがたくさんあるのを知ってからは、定期的に通う街になった。

そんな三十数年前の懐かしいあれこれを思い出しつつ、最近すっかり変貌を遂げている街を訪ねた。まず、小田急線の駅が地下化されたことで駅前の風景が一変している。以前は一緒だった小田急線と京王井の頭線の改札口が別になったことだけでも大きな変革である。見渡しの良くなった駅前広場からまずは本多劇場のあるマルシェ下北沢へ。この中に「新宿レコード」という中古レコード店が入っているがこの日はお休み。昭和57年に開場したという本多劇場の地下駐車場の一角には、かつて青山ユアーズの入口に飾られていたスターの手型とサインの石版が移管されている。ユアーズ経営者の妻が新東宝の女優だった浅田康子で、劇場を立ち上げた本多一夫とニューフェイス第4の同期生だったことから寄贈されたそうである。

本多劇場を出て商店街を少し歩くと、以前よく通った中古レコード店、イエローポップがあった黄色い建物が見える。今ではマッサージ店に。その向かいの路地を

下北沢の象徴、本多劇場入り口

本多劇場地下にある星々の手型

入ると左手に比較的新しい中古ショップの「ゼネラルレコードストア」があり、その先の右手に「ほん吉」という古本屋さんがある。その両店に寄ってからすぐ目の前の茶沢通り沿いにある「ディスクユニオン下北沢店」へ行くというのが最近の下北沢でのお決まりのルート。時間があればユニオンの並びにある「古書ビビビ」も覗く。この日も各所で少しずつ買い物が出来た。古書店では店内よりも外の均一本を漁ることが以前にも増して多くなった。根っからの雑本好きがますます加速している。

本多劇場とともに演劇の街を象徴する場所、鈴なり横丁は今日も独特の雰囲気を醸し出している。その一角にある小さなスナック「うちわ」は、30年以上前、N氏によく連れて行かれた店。入れ替わりの激しい飲食店だが、中華の「珉亭」や焼肉の「城西苑」など、昭和からの老舗が今も健在なのは嬉しい。さらに進むと踏切が無くなって風景が変わった一番街商店街のアーチが見えてくる。ここは「ウルトラQ」のカネゴンの回でロケが行なわれたことでも有名で、特撮ファンにとっての聖地でもある。商店街を入ってすぐ左手には輸入盤店の「JET SET」が。右手にある古本店は以前は「白樺書院」だったが、今は代替わりして「古書明日」という店になり、品揃えもポップになった。少しだけ置いてあったシングル盤の山にあまり見かけない70年代アイドルのレコードを見つけて購入。古本屋さんで買えたレコードはなんだかお得感があるのだ。

スタイリッシュな中古ショップ
「ゼネラルレコードストア」

昭和風情を残す建物が
印象的な「ザ・スズナリ」

余力があると商店街をそのまま進んで、少し離れたところの中古盤店「ハミングバード」を覗くことも多いが、この日はまた駅方向へと戻る。

南口からほど近い輸入中古盤店「フラッシュ・ディスク・ランチ」は本多劇場と同じ昭和57年の創業だそうで、下北沢ではディスクユニオンより古い老舗。歌謡曲メインの自分はずいぶんご無沙汰しているけれども、今回は敬意を表して寄らせてもらうことにして階段を上る。アメリカンで倉庫の様な店内は独特の雰囲気があり、滞在しているだけで楽しい。少しだけ買い物をしてからライヴやイベントでたまに訪れる「モナレコード」のある路地を抜けて南口商店街の方へ。この辺りは昔から古物全般を扱う「DORAMA」の支店がたくさんあり、古本や中古ビデオではずいぶんとお世話になった。今はCD・DVDと古本が一緒になった店を覗き、我ながら呆れつつもここでもまた古本を数冊購入する。

だいぶ前に撤退してしまったレコファン跡を過ぎて商店街を抜けると、餃子の王将を過ぎた辺りに祀られている庚申堂。ここは平成23年にヒットした映画「モテキ」で、長澤まさみが「ドロンします」と可愛い仕草を見せたロケの名所である。同作品ではヴィレッジヴァンガードの前で撮られたシーンも印象深い。下北沢は昔から映画やドラマのロケ地となることが多く、古いところでは、美空ひばり・江利チエミ・雪村いづみの三人娘が主演した昭和32年の映画

下北沢の音楽発信源、
茶沢通りのディスクユニオン

フラッシュ・ディスク・
ランチでシングルを
購入

「大当り三色娘」も、まだ闇市の名残りがあった頃の駅前マーケットがふんだんに映し出されている貴重な記録。興味がある向きはぜひとも。

庚申堂のすぐ横にあった「オムライス」へもよく通わせてもらった。古い玩具やレコードなどを扱うマニアのための店で、自分はもっぱらレコードやフォノシート、映画資料を求めて定期的に訪れていた。下北沢にはほかにも「懐かし屋」「ヒーローズ」「2丁目3番地」などアンティーク玩具の店がたくさんあったのにいつの間にか皆無くなってしまったのは淋しい。お世話になったオムライスの店主さんには最後に御礼の挨拶へ行きたかったな、などと思いながら、かろうじて残されていた看板を写真に収めて跡地を離れた。

その後、場所を移して再開した「Jazz 喫茶マサコ」へ向かうも残念ながら満席で入れず。散歩の最後は、松田優作が愛したジャズバー「レディ・ジェーン」を外から眺めようと茶沢通りを歩く。若き日の坂本龍一や野田秀樹らも通ったという名店は昭和50年の開店以来、今も頻繁にライヴが行なわれている。この日はまだ早い時間で準備中ではあったが相変わらず渋い佇まいで街の風景に馴染んでいた。映画、演劇、そしてジャズ。こうした名店や劇場が在り続ける限り、芸術の街・下北沢の灯はいつまでも消えない。

(令和2年11月)

映画「モテキ」にも出てきた
南口商店街にある庚申堂

『下北沢』
神崎みゆき
（昭和49年）

「ゆう子のグライダー」をスマッシュヒットさせた男性SSWのセカンドにしてラスト・アルバムとなった『風速計の唄』に収録。カンザキではなくコウザキ。

『下北沢たそがれ』
黄色い船
（昭和47年）

昭和46年に東横劇場にて開催された伝説のライヴ“唄の市旗揚げ式”が収められたアルバム『唄の市 第一集』より。よしだたくろう、六文銭、古井戸らとの共演。

『下北以上 原宿未満』
藤井フミヤ
（平成18年）

近年の下北沢の歌といえばこれ。劇団員たちの青春模様が描かれたドラマ『下北サンデーズ』の主題歌として作られた。主演した上戸彩が自らカヴァーしている。

『銀次慕情』
松田優作
（昭和51年）

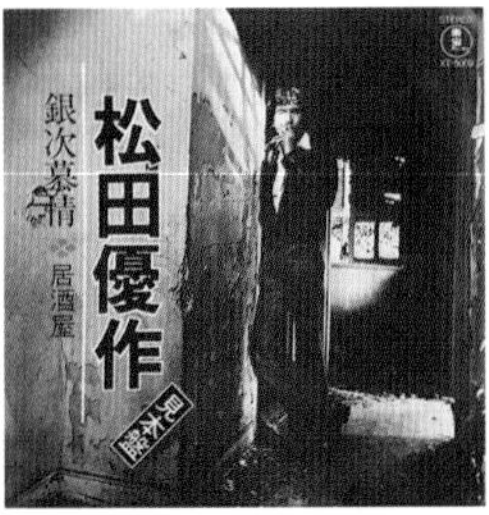

ジャズバー「レディ・ジェーン」にも通い詰めたという松田優作にとって下北沢はホームの街だった。自ら作詞し、役者仲間の山西道広が作曲したデビュー曲。

『シモキタ音頭』
馬浪マラカス団
（平成26年）

一般公募でグランプリを受賞した下北沢ソング。特別選考委員だった宮川彬良のお墨付きで、氏が作曲した「マツケンサンバ」と同じく真島茂樹が振り付け。

『下北沢南口』
甲斐名都
（平成18年）

甲斐よしひろの娘、甲斐名都のメジャーデビュー曲。南口の階段下はかつて待ち合わせのメッカだった。世田谷区に生まれ育った彼女も利用していたのだろう。

東京レコード散歩 その 23
HANEDA AIRPORT

羽田空港

すっかり近代化された現在の羽田空港に昔日の面影を追うのは無理と分かっていながら、それでも歩くことにしたのは、空港を舞台にした歌謡曲やテレビ番組が事欠かず、多くの音盤が存在するからである。

よほど旅慣れた人ならば、そうでもないだろうが、滅多に飛行機に乗る機会のない自分にとっては、かなりの非日常エリアでもある。実際にはここから渡航した経験は数えるほどしかないにもかかわらず、高度経済成長時代のプログラムピクチャーを観ていると頻繁に登場する羽田には昔から親しみがある。東宝の「社長」シリーズなどは毎回のように海外から日本にやってくる取引先の要人を出迎えたり見送ったり。当時のことだから屋内のシーンはセットだったとおぼしいが、搭乗のシーンや、タクシーやマイカーで乗り付ける車寄せなど、実景を撮りに各社のロケ隊が頻繁に訪れていたはずだ。

この日は京浜急行の羽田空港国内線ターミナル駅からのアプローチ。最近では海外便も再び増え、かつての国際空港としての顔も取り戻したこの場所を訪れるのは何年ぶりだろう。知人を車で迎えに来たことは何度かあっても、空港内の建物に足を踏み入れるのは幼き日の家族旅行以来なので、おそらく40年近くぶりになる。初めて飛行機に乗ったとき、大好きだった**『アテンションプリーズ』**の主題歌を口ずさんでいたら、スチュワーデスさんに優しく微笑みか

高度経済成長時代に作られた映画の
ロケ地に欠かせなかった羽田空港

昭和の羽田空港、ポストカード
（著者所蔵）

けられて、子どもながらに恥ずかしかったことを久しぶりに思いだした。当時の待合室や送迎ゾーンがどこに位置していたかまったく見当もつかないままに第1ターミナルの地下からエスカレーターに乗ってロビーに出る。

マーケットプレイスを歩き回って、今はここのほかわずかな場所でしか買えないという、昔好きだった「ぽんぽこ」という菓子を探したが見つからない。案内所で尋ねてみると、どうやら搭乗客しか入れないエリアにあるらしく、仕方なくあきらめることにした。かつては「ひよ子」とライバル関係にあった東京名菓の焼菓子で、天地総子が軽快なCMソングを歌っていた。発売元のロバ製菓の倒産とともに一旦姿を消したものの、同社の元専務が後を継いで、現在は「ぽんぽこおやじ」の名で販売されているはずなのだ。何年か前に旅行帰りの友人が買ってきてくれたのだが、以来久しく食べておらず、少々恋しさが募っている。

そろそろ肝心の飛行機を見たくなってきたので、6階の展望デッキへ。離陸態勢に入った機の物々しい走行音が、空港ならではの醍醐味を満喫させてくれる。さらに階段を上ってガリバーズデッキへ。東京タワーの展望台にはすでになかった望遠鏡がまだここには設置されていた。昔のような形ではなく、かなりハイテクな見栄えながら、100円で150秒というシステムは、レートは変わっ

すっかり様変わりしてしまったロビー

ているにしても昔ながらの望遠鏡らしくていい。昔の映画を観ていると、送迎客がもっと飛行機に近づけるエリアがあったように思える。いろいろと規制が緩かった時代ならではのこと。フランキー堺主演のミュージカル・コメディー「君も出世ができる」（昭和39年）で、益田喜頓演ずる観光会社の社長がアメリカへ旅立つ際、社員たちが歌い踊りながら見送るシーンは圧巻だ。何十人かでの群舞が迫力に満ちていた。

空港の一角に、北原照久氏のショップがあり、その前にエアポート・ギャラリー童心という展示スペースがあった。訪ねたのがクリスマスの時期だったこともあって、ショウウインドウの中に昭和のクリスマスレコードが何枚か飾られていたのが、今回の散歩で出会った唯一の音盤であった。この日の飾りつけはたまたまの季節モノで、普段は飛行機に関するレコードが飾られていたりするのだろうか……などと思いつつ、空港内のバスで移動して、国際線ターミナルを目指す。到着すると、エントランスは国内線よりも小ぢんまりとして見えたが、エスカレーターに乗ってメインホールに着くと、視界が開けて空港らしい広々とした空間が現れた。

こちらではすぐに5階の展望デッキに出てみた。国内線の方より広く、眺めも居心地もいい。ここならフランキー堺たちも存分に踊れそうだ。ここぞとば

景色は変わっても空港の
お土産は食指が動く

かり、iPodで得意のバーチャル再生を密かに楽しむ。『アテンションプリーズ』**『ホワット ア フィーリング』**など所縁の歌を数曲、寒風吹く中でありながらも心地よさを感じながら聴いて浸った。『アテンションプリーズ』はスチュワーデスの世界が描かれた職業ドラマのハシリで、スポ根（＝スポーツ根性）モノが流行っていた昭和45年から翌年にかけて放送されたドラマ。紀比呂子の主演だった。前番組の「サインはV」と同じく、岩谷時子作詞、三沢郷作曲による主題歌が優れモノで作品の価値を上げていたと思う。考えてみれば、自分が初めて飛行機に乗ったのは昭和47年だったから、まだ放送が終わって一年程。ほぼリアルタイムだったわけである。

　昭和58年にスタートした堀ちえみ主演の「スチュワーデス物語」でも、やはり客室乗務員の育成が描かれた。いかにも大映ドラマらしい奇抜な演出が話題となり、堀が演じた松本千秋が自らを卑下する〝ドジでノロマな亀〟が流行語になるほどのヒットドラマとなった。その主題歌が麻倉未希の『ホワット ア フィーリング』だったわけだが、そもそもが映画「フラッシュダンス」のテーマのカバーという珍しいケース。サクセスストーリーという共通点はあるにせよ、本編の印象が強く残る映画のテーマ曲を何故ドラマに流用したかを知りたい。そういえば、教官役の風間杜夫が歌う挿入歌もたしか洋楽のカバーだったと思

昭和39年開業の東京モノレール、ポストカード（著者所蔵）

羽田空港へ行く楽しみのひとつがモノレール

う。となると、これは当時の大映ドラマが得意とするパターンであったか。

展望デッキから建物内へと戻ると、海外からの渡航客をターゲットにしたと思われる、江戸をテーマにしたショッピングモールが展開されている。中には和風に飾り付けられた伊東屋などもあり、外国人が好みそうな民芸調のステーショナリーが陳列されていた。ここでも念のため、件の「ぽんぽこ」を探してみたが見当たらず。狸の菓子なら周りの雰囲気に合うのに。カフェで軽食をとった後、あまりに変わってしまった羽田空港にも、何か昔のものが残っているんじゃないかと思い、厄介な質問と承知の上でインフォメーションブースのお姉さんに尋ねてみた。お二人の内の年長の方がどこかに電話した後、「大鳥居になりますでしょうか」と答えをくださる。これは聴いたことがある。空港の拡張で、鳥居が奉納された穴守稲荷が移転した後も鳥居だけが残されたのは、撤去しようとする度に事故や災難に見舞われたからという、都市伝説まがいのエピソードで有名。それ以外もう昔のものは残っていないのだ。京急の天空橋駅からほど近い大鳥居は今回は遠くから眺めるにとどめ、モノレールに乗って空港を後にした。浜松町駅に着いた後、創業時から変わらない東京モノレール株式会社のロゴが掲げられた看板を写真に収め、散歩を締め括る。昭和の羽田空港の姿はもはや映像と人々の記憶の中にしかない。（平成28年3月）

世界貿易センタービルからの
東京の景色

浜松町の世界貿易センタービル。
令和3年に解体される

『夜霧の空の終着港』
和田 弘とマヒナ・スターズ
（昭和34年）

“空の終着港”と書いて“エアーターミナル”と読む。佐伯孝夫と吉田正のゴールデンコンビの作はNHKテレビ歌謡とのクレジット有。ああ、もって来いの晩だぜ。

『羽田発7時50分』
フランク永井
（昭和32年）

都会派ムード歌謡の道を切り拓いたビクターは航空歌路線もいち早く離陸した。となればもちろんフランクさん。『有楽町で逢いましょう』のひとつ前のシングル。

『霧の羽田よさようなら』
秀木香介
（昭和41年）

面白盤の多いローヤルレコードから一枚。七三分けがバッチリ決まった秀木香介の歌は、ムード歌謡と青春歌謡のミックスといった趣。ノースウエスト機が写る。

『空港ひとりぼっち』
田辺靖雄
（昭和39年）

こちらも佐伯×吉田コンビの作品。彼女の幻影を求めて夜の空港であてなく過ごすひとりぼっちの男の哀愁をヤッチンが切なげに歌う。B面は東京ナイトの恋歌。

『夜霧のエアポート』
黒沢 明とロス・プリモス
（昭和44年）

クラウンからビクターへ移籍（後に復帰）する直前のロス・プリモスが、先輩のマヒナを追随するような空港ムード・ナンバーを歌う。夜の空港はなんとも哀しい。

『世界を結ぶ日本の翼』
三条江梨子
（昭和41年）

日本航空のタイアップソング。日航ホステス土屋美津子サンの流暢な英語のアナウンスが入ります。バックをロマンチカが務めているのもgood! 最高のジャケ!!

『雨のエアポート』
欧陽菲菲
（昭和46年）

ゆったりした歌が多い中で、テンポ感溢れるスリリングな展開で聴かせる菲菲の存在は貴重。この時期ノリにノっていた橋本淳×筒美京平コンビの傑作のひとつ。

『ジェット最終便』
朱里エイコ
（昭和48年）

橋本淳には、川口真と組んだ空港歌謡の傑作もある。前年の『北国行きで』で知名度を上げた朱里エイコのスマッシュヒット。昭和48年のNHK紅白歌合戦での歌唱曲。

『空港』
テレサ・テン
（昭和49年）

空港歌謡の極め付け。テレサ・テンを日本でもスターにした初ヒット曲。山上路夫×猪俣公章のコンビは、石川さゆりのデビュー曲『かくれんぼ』と同じ布陣。

『エアポート』
湯原昌幸
（昭和49年）

『空港』に続くかの如く、奇しくも翌月に出されたストレートなタイトルのナンバー。阿久悠作詞、井上忠夫作曲による佳曲ながら、惜しくもヒットには至らず。

『青い滑走路』
石原裕次郎
（昭和50年）

田宮二郎がパイロット役を演じたドラマは「白い滑走路」。裕ちゃんの歌は『青い滑走路』。旧友・鶴岡雅義の手練の仕事が光る。スキャットは伊集加代子が担当。

『土曜の夜は羽田に来るの』
ハイ・ファイ・セット
（昭和50年）

失った恋人の思い出を追い求めて、週末の夜はつい羽田に訪れてしまう……切ない心情をユーミンが綴る。4thシングル「スカイレストラン」のカップリング。

『青春の刻』
桜木健一
（昭和50年）

「柔道一直線」よりだいぶ大人になった桜木健一が主演した航空ドラマ「虹のエアポート」のテーマ。作曲は主題歌の達人・渡辺岳夫。教官役は中山仁だった。

『アテンションプリーズ』
ザ・バーズ
（昭和45年）

元祖スチュワーデス育成ドラマの主題歌。ジェット機が飛び立つSEから導入され、希望に満ちたメロディーが展開される。正式に日本航空協力の下で制作された。

『100℃でHEARTBEAT』風間杜夫
（昭和58年）

大映ドラマ「スチュワーデス物語」挿入歌。風間は教官の村沢浩役。劇中よく歌われていた"ヒロシは訓練所で一番〜"という『洒落男』の替え唄が懐かしい。

『大空港のテーマ』ブラック・ベイビー&ノイエ・ハーモニー・オーケストラ（昭和54年）

空港を舞台に繰り広げられる刑事アクションドラマのテーマ曲。作曲・菅野光亮。チーフの鶴田浩二以下、田中邦衛らが出演。紅一点は片平なぎさであった。

『恋のジェット航路』
和田 弘とマヒナ・スターズ
（昭和39年）

"夢の空中鉄道"モノレール開通記念の非売品フォノシートをもう一枚。マヒナが歌うゴキゲンなナンバー。作詞は川内康範。こんな快活路線もいけるのです。

『モノレールの歌』
安西愛子
（昭和39年）

東京オリンピック開催の一か月前、昭和39年9月に開業した東京モノレール羽田空港線を記念して配布されたフォノシート。インスト『モノレール行進曲』とともに。

レコード ア・ラ・カルト　<音頭その2>

『大東京音頭』

（昭和54年）

東京12チャンネル（現・テレビ東京）企画のもと、各社競作盤として出された新音頭。最もヒットしたのは、“民謡界の百恵ちゃん”こと金沢明子と橋幸夫によるビクター盤。これ以外にポリドール、CBS・ソニー、RCAも参戦している。

橋 幸夫・金沢明子（ビクター）

都 はるみ（コロムビア）

三波春夫（テイチク）

三橋美智也・藤野とし恵（キング）

高橋キヨ子（クラウン）

葵 ひろ子（東芝）

東京レコード散歩

番外編

YOKOHAMA

横浜

東京に極めて近く、歌謡曲の舞台にも頻繁に取り上げられる街、横浜。「東京レコード散歩」番外編として横浜の街へ散歩に出かけた。まずは桜木町駅からスタートする。今やみなとみらい地区といった方が通りがいいこのエリアだが、臨港パークや大観覧車を臨む開放的な海側とは逆の野毛界隈は、昔ながらの商店や飲み屋街が連なり、まだまだ昭和っぽい風景が遺っている。日本三大大道芸のひとつに挙げられる〝野毛大道芸〟も有名である。この日は海側へ出てランドマークタワーの麓を歩く。

にっぽん丸に併設されたミュージアムでは、アンクルトリスのイラストレーションでお馴染みの柳原良平展を開催中だった。湾岸の絶景を見ながらワールドポーターズの中を横切って、赤レンガ倉庫へと移動。少し前にはここで南青山にあった伝説のレコードショップ、パイドパイパーハウスの復活イベントが催されて話題になったばかり。赤レンガ倉庫内にはライヴレストランのモーション・ブルー・ヨコハマがある。夏場になると屋外でも様々なライヴが催される機会が多く、レコード屋こそ付帯していないが音楽との結び付きは意外と深い施設なのだ。見晴らしのいい場所でベイブリッジの写真を撮ったりしてすっかり観光気分に浸る中、同行のT氏の発案で少しの間だけ船に乗ってみることにした。たまたまシーバス乗り場の前を通りがかり、タイミング良く出港の時間だったこともある。歩いて

元は保税倉庫だった赤レンガ倉庫。刑事ドラマによく出てきた。今では観光名所の一つ

みなとみらい地区から
横浜ランドマークタワーや大観覧車を望む

も移動出来る距離ではあったが、結果的にすこぶる気分のよい海上散歩となった。

岸から離れたシーバスは一旦沖まで出た後、地上ではさほど遠くない距離をゆっくりと旋回して次の停泊所である山下公園へと誘ってくれた。シーバスを降りるとほぼ正面には歴史と伝統を誇るホテルニューグランドが聳え立つ。大正15年に設立され、数々の著名人が逗留してきた名門ホテルは、終戦後に連合国最高司令官のダグラス・マッカーサーが滞在したことでも知られる。いろんなものが発祥の地である横浜でここもまた例外にあらず、ドリア、ナポリタン、プリン・ア・ラ・モードはいずれもニューグランドのレストランから始まったそうだ。さらに、サザンオールスターズ『LOVE AFFAIR〜秘密のデート〜』にも登場するバー、シーガーディアン（現在はシーガーディアンII）もある。シェリー酒を使った特製のドライマティーニは食通で有名だった作家の池波正太郎や大スターの石原裕次郎らに愛され、ホテルの一室を仕事部屋にしていた大佛次郎もよくバーを訪れたそうという。そして目の前に広がる山下公園は数々の歌謡曲の舞台になっている名所。童謡『赤い靴』のモデルとなった少女の像があるのは有名だろう。停泊する氷川丸もその側のマリンタワーも、多くの歌の詞に登場するのはもちろん、ジャケット写真の撮影地としても頻繁に使われている。山下公園が写り込んだレコードの数は夥しく、見比べていくと、柵の形なども時代によってマイナーチェンジしているのが判る。

山下公園のシーバス停泊所から
ホテルニューグランドを望む

この日は時間の関係で中華街から関内方面へと向かったため、元町周辺の散歩は後日ひとりで出かけてきた。ＪＲ石川町で下車して元町を歩く。今や死語となってしまったハマトラ発祥の地。１９７０年代後半、雑誌「ＪＪ」が仕掛けたという横浜発のファッション・スタイルのことで、その流行は短かったと思う。ハマトラの三種の神器と呼ばれたのが、フクゾーの洋服、ミハマの靴、キタムラのバッグで、もちろん今なお健在の老舗ブランドとなっている。自分にとって元町で最も重要な店は、洋菓子の喜久家だ。大正13年創業の老舗。このラムボールというケーキが大好物なのである。今はたいていの人気スイーツは複数のデパ地下で入手できるが、ラムボールはここに来ないと買えないというお値打ち感も手伝って、マイ・ベスト・スイーツの座を長年譲らない。この日も土産に4個入りの函を買って帰った。元町からさらに足をのばせば山手・根岸地区。歌謡曲にも度々登場する外人墓地や、ユーミンの**『海を見ていた午後』**で有名になったレストラン〝ドルフィン〟がある。初代オーナーが「少年ケニヤ」の山川惣治だったことはあまり知られていないかもしれない。

山下公園の象徴的な風景といえば、現存する唯一の戦前の客船である氷川丸。その目前に聳え立つのが横浜港のシンボル、マリンタワーである。昭和36年に開港１００周年記念事業の一環として設立されたタワーはかつて灯台の役目を果た

ドラマや映画のロケ地の定番であり、
デートコースでもある山下公園

山下公園にある
「赤い靴はいてた女の子」の像

していたが、その機能は平成20年に廃止され、その翌年にリニューアルされて生まれ変わった。自分が初めて訪れたのは小学生の時だったと思う。その頃はなんとなく暗いイメージだったが、今ではすっかり明るく小ぎれいになったタワーの中へ。エレベーターに乗るとクレイジーケンバンドの横山剣の曲**『マリンタワー・ゴーゴー』**のメロディが流れてきた。残念だったのは、土産品の中にタワーの程よいミニチュアが見当たらなかったこと。クリスタルとかではなく、そこそこリアルな造りで、棚やテーブルに飾れる適当な大きさのものが欲しかったのだが。これはスカイツリーにもいえることで、その点、東京タワーはさすがの品揃えなのだ。マリンタワーにも以前はあったのかもしれないが、今後どうかひとつ。

テクテク歩いて、東側の朝陽門から中華街に入る。20年以上前、門の入口付近にあった駐車場で、ショーケンといしだあゆみが仲睦まじく歩いているのを目撃したことがあった。横浜でいしだあゆみを見られるとはなんて縁起が良いのだろうと思ったものである。平日の昼間にも拘わらず、中華街は今日も賑わっていた。たまに訪れる裏路地の店で絶品の焼ソバを食した後、腹ごなしの意も込めてまた歩き出す。その料理店からすぐ近くに、昔は小さなレコード店があり、漢字の並んだカセットテープが所狭しと棚を埋めつくしていた。あれはレコード屋というよりテープ屋さんであっただろうか。中華街大通りを縦断した後に北の玄

マリンタワー内のCKBショップで
お土産のグッズを購入

武門を抜けると横浜公園にたどり着く。そして見えてくるのが横浜スタジアム。個人的には野球の試合よりもライヴで訪れることの方が頻繁で、中でもサザンオールスターズが印象深い。サザンの野外ライヴはなぜか雨に見舞われてしまうことが多く、いつかここで観た時もそうだった。この日は野球ではなく、何かの見本市が行なわれていた様子。スタジアムまで来ればＪＲ関内駅はもうすぐで、駅近くにある「天吉」はサザンの原由子の実家として有名な老舗の天ぷら屋さんである。なんと明治5年創業の由。今は原坊のお兄さんが経営されており、ファンの間では良く知られた聖地となっている。以前訪れた際にいただいたかき揚げ丼は絶品であったが、それもその筈でこちらの看板メニューとのこと。

関内大通りを越えて、古くからの名店も多い馬車道方面へ。とんかつの「勝烈庵」や、系列のカフェ「馬車道十番館」が有名だが、レコード好きにとっては、かつてあった中古店「ディスクプラザ」が懐かしい。伊勢佐木町店と共によく足を運んだものだった。横浜も東京と同様に閉店してしまったレコード店は数知れず。平成19年に惜しまれつつ幕を閉じたタワーレコード元町店は昭和56年の開店以来、外資系ストアの先駆けとして街のシンボル的な存在であったし、やはり元町にあった名古屋が本拠地のバナナレコードも、西口のダイヤモンド地下街店と共に平成26年に閉店してしまった（そしてダイエーの中に入っ

横浜中華街には10基の牌楼（門）が建つ。写真は大通りにある善隣門

ていたレコファンも平成31年に惜しまれつつ閉店。向かいのビブレ内、現在はタワーレコードとなっている場所はかつてのHMV)。1990年代には伊勢佐木町にあったマルイにヴァージン・メガストアが入っていたが、マルイの閉店とともに消滅して久しい。その近くにあったヤマギワレコードショップは、秋葉原店同様に廃盤CDの在庫が豊富だった。しかし現在の関内には、ディスクユニオン関内店が健在で、他のユニオンと同じように商品がよく回転しているし、自分も訪れる度に何かしら買い物をさせてくれる相性のいい店のひとつである。

歴史と文化の街・横浜散歩もいよいよ終点が近づいてきた。すっかり陽も傾きつつある中、伊勢佐木町のメイン通り、イセザキモールへ。その昔は映画館や芝居小屋、飲食店が軒を連ね、東京の銀座、大阪の千日前に匹敵する横浜の中心地であったという。横浜駅周辺の再開発が進んで以降はその座を譲ったとおぼしいが、現在でも賑わっているのはたしかだ。ただし、商店街を先へ進むほど徐々に人通りが少なくなり、少々淋しい感じが漂ってくるのも事実ではある。ヨコチクやハマ楽器など、古くからあったレコード店も既に無い。それでも老舗書店の有隣堂や、不二家レストランの1号店が今もしっかり健在なのは嬉しい。銀座の不二家はだいぶ前にリニューアルされてしまったけれど、伊勢佐木町店は昭和の面影を遺したままで、いつまでもこのままであって欲しいと

イセザキモールにある
不二家レストランの1号店

ドラマ『大追跡』のエンディングに映る
横浜スタジアムが印象的だった

思ってしまう。なくなってしまった店で今でも惜しまれるのは、伊勢佐木長者町のオデヲンビルの中にあった「先生堂書店」だろう。古書漫画や映画資料、絶版文庫、中古レコードに至るまで、充実のラインナップだった。

横浜最古のレコード店「ヨコチク」は明治45年に創業された当初は「伊奈蓄音機店」であったそうだが、戦後経営を継いだ2代目の伊奈正明氏が、横浜蓄音機店を略した形の「ヨコチク」に改称した。幼少時の美空ひばりが父親と共によく訪れていたのは有名な話。店頭キャンペーンが名物で、心機一転の再々デビューをした五木ひろしも店先で**『よこはま・たそがれ』**を歌ったという。お膝下のご当地ソング、青江三奈**『伊勢佐木町ブルース』**の大ヒットも、ビクターの熱心な営業マンとヨコチクでの集中キャンペーンの賜物であった。その歌碑が、イセザキモールでも人の数がだいぶ少なくなる4丁目の通り沿いに設置されたのは、青江が急逝した1年後の平成13年のこと。グランドピアノの形をした石に、歌の楽譜を刻んだパネルが埋め込まれ、手元のボタンを押すと歌の一節が流れる仕組み。すぐ後ろにはレコードジャケットを模して青江の顔が描かれた大きなイラストボードもある。青江三奈の艶っぽい歌声を聴きながら、夜の伊勢佐木町を今回の横浜レコード散歩の到達点とした。

（平成29年3月）

青江三奈が急逝した1年後の2001年に設置された「伊勢佐木町ブルース」歌碑とボード

『外人墓地』
橋 幸夫
（昭和39年）

なぜこのカップリングとなったのだろうか。モーター音満載のホッドロッド・ナンバーとのギャップがすごい。どちらも佐伯孝夫×吉田正の黄金コンビによる作品。

『マリンタワーで逢いましょう』
田代京子
（昭和35年）

横浜港開港100周年の昭和34年に着工され、36年に竣工したマリンタワーの歌。B面「哀愁のヨコハマ・ボレロ」では南京街やメリケン波止場が歌い込まれている。

『伊勢佐木町ブルース』
青江三奈
（昭和43年）

作曲はラテン歌謡に定評のある鈴木庸一、作詞は川内康範。「ブルー・ライト・ヨコハマ」と並ぶ最も有名な横浜ソングである。イントロのため息が悩ましい。

『伊勢佐木町ブルース』
デニー・白川
（昭和42年）

青江の歌は同名異曲だが、こちらが先。日本のナット・キング・コールことデニー・白川が、横浜のナイトクラブ「ナイト&デイ」専属歌手だった時代のナンバー。

『ブルー・ライト・ヨコハマ』
いしだあゆみ
（昭和43年）

ビクターからコロムビアへ移籍しての3枚目、通算26枚目のシングル。昭和43年暮れに発売され、翌44年の年間3位の大ヒットとなる。筒美京平の代表作のひとつ。

『ポート・ヨコハマ』
アンディ・鈴木
（昭和43年）

ポス宮崎とコニー・アイランダースに在籍していたアンディ・鈴木がザ・フェニックスを率いて歌う。伊勢佐木町100年祭の折に浜いづみの歌でシングルリリース。

『ヨコハマで恋して』
城 千景
（昭和44年）

7人の新人歌手が奨励された“ビクター・セブン・フレッシュ”の1枚。カップリングが「元町ブルース」の純然たるヨコハマ盤。バックのマリンタワーが美しい。

『本牧ブルース』
ザ・ゴールデン・カップス
（昭和44年）

横浜といえばカップス。彼らを輩出した店“ゴールデンカップ”のある本牧が歌われた6枚目のシングル。雑誌「ヤング・ミュージック」の募集当選歌だった。

『よこはま・たそがれ』
五木ひろし
（昭和46年）

『全日本歌謡選手権』で10週勝ち抜いての心機一転は、再び横浜の曲でリベンジ。一→三→五のゲン担ぎが吉と出た。詞の元ネタはアディ・エンドレだろう。

『雨のヨコハマ』
三谷 謙
（昭和44年）

松山まさる名義でデビューした後、一条英一時代を経ての再々デビュー曲。外人墓地や伊勢佐木町が歌われる。翌々年に五木ひろしとなってスターの座を掴む。

『ビューティフル・ヨコハマ』
平山三紀
（昭和45年）

橋本淳×筒美京平コンビがふたたび挑んだ横浜ソングは、彼らの秘蔵っ子であったスクール・メイツ出身の平山三紀のデビュー曲。ジャケット撮影は山下公園。

『グッドナイト・ヨコハマ』
村田洋子
（昭和45年）

「グッドナイト・ベイビー」+「ブルー・ライト・ヨコハマ」。実際に「グッドナイト〜」と同じ作詞・作曲陣によるもの。ゴーゴークラブの詞が時代を物語る。

『サヨナラ横浜』
石原裕次郎
（昭和46年）

なかにし礼を人気作詞家へと導いたのは石原裕次郎だった。この後も「みんな誰かを愛してる」などのヒットが連なる。作曲のユズリハ・シローは中川博之の別名。

『ワンチャンス・よこはま』
黒沢 明とロス・プリモス
（昭和46年）

「ラブユー東京」や「たそがれの銀座」など東京の歌で大ヒットを飛ばしたロス・プリモスが横浜の歌でワンチャンス。今は亡き森聖二の艶のある声が響き渡る。

『中華街音頭』
渡辺美津江
（昭和48年）

横浜市観光協会・後援による中華街のPRソング。自主盤だが土産店などで販売されていたらしい。ジャケ写は最も賑やかな中華街の中心地・善隣門のかつての姿。

『ハッピー・ヨコハマ』
アン・ルイス
（昭和47年）

まだアイドル然としたサード・シングル。これも撮影場所は山下公園だ。彼女をスカウトしたなかにし礼の詞はひたすらハッピー。カップリング曲も横浜が題材に。

『ヨコハマ物語』
中川浩夫とアンジェラス
（昭和48年）

テンプテーションズばりのフレーズが導入された躍動感溢れるコーラスは、かつて名盤解放歌集にも収められた。これはビクターから正規発売される前の自主盤。

『横浜の恋人たち』
三浦正弘とハニー・ロマン
（昭和48年）

「おもいでの東京」「おもいでの京都」などご当地ソングを歌い続けて横浜へ。歌詞にも織り込まれた山手の外人墓地でジャケ写撮影。後のハニー・シックスです。

『海を見ていた午後』
荒井由実
（昭和49年）

アルバム『MISSLIM』所収。登場するドルフィンは「山手」駅よりも「根岸」駅に近い高台のレストラン。ソーダ水は曲が知られてからメニューに加えられた由。

『横浜いれぶん』
木之内みどり
（昭和53年）

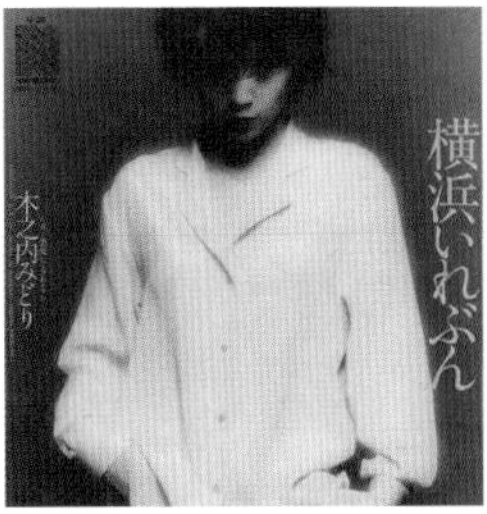

セールス実績以上によく知られている歌手・木之内みどりの代表作。当時ラジオからよく流れていた。通算11枚目のシングルだったのは単なる偶然であろうか。

『ドール』
太田裕美
（昭和53年）

「青い眼の人形」をモチーフに失恋の哀しみが綴られた詞は松本隆の作。山下公園にある「赤い靴」の少女像の憂いを彷彿させる。明るい曲調が逆に物哀しい。

『モール・イセザキ』
八代亜紀
（昭和54年）

青江と同じくクラブ歌手出身の八代亜紀による伊勢佐木町讃歌。老舗の書店・有隣堂から発売された。その昔は松坂屋やヨコチクもあった商店街が歌われている。

『恋人も濡れる街角』
中村雅俊
（昭和57年）

映画『蒲田行進曲』主題歌となったが、蒲田の歌に非ず。湘南と同じくらい横浜をテーマにした作品も多い桑田佳祐が手がけた傑作。舞台は関内・馬車道あたり。

『横浜レディ・ブルース』
原由子
（昭和58年）

横浜育ちの原坊はフェリス女学院在学中にフォーク・デュオ“ジェロニモ”を結成していたという。2ndアルバム『Miss YOKO HAMADULT』より。詞と曲は桑田佳祐。

東京レコード散歩
その
24
TOKYO

そのほかの東京レコード

『恋の西武新宿線』
愛奴（昭和50年）

『恋の山手線』
小林 旭（昭和39年）

『地下鉄は今日も終電車』
井上ひろし（昭和34年）

『アメリカ橋』
狩人（昭和54年）

『三の輪橋から面影橋へ』
杉田愛子（昭和63年）

『四ッ谷駅』
矢島洋子（昭和53年）

『或る夜の出来事』
ザ・バーズ（昭和44年）

『蒲田ブルース』
松井きりさ（昭和46年）

『五反田の女』
五反田みどり（昭和45年）

「お台場ムーンライトセレナーデ」
中澤ゆうこ&高山 厳（平成10年）

『東京港のうた』西六郷
少年少女合唱団（昭和42年）

『埠頭を渡る風』
松任谷由実（昭和53年）

『シャンソン・ド・東京』
フランク永井(昭和35年)

『グッド・ナイト東京』
松尾和子(昭和35年)

『東京ナイト・クラブ』
フランク永井・松尾和子(昭和34年)

『若い東京の屋根の下』
橋 幸夫・吉永小百合(昭和38年)

『東京たそがれ』
ザ・ピーナッツ(昭和38年)

『東京ドドンパ娘』
渡辺マリ(昭和36年)

『ワン・レイニー・ナイト・イン・トーキョー』
越路吹雪(昭和40年)

『東京の灯よいつまでも』
新川二郎(昭和39年)

『フレッシュ東京』
吉永小百合(昭和39年)

『東京ナイト』
和泉雅子・山内 賢(昭和42年)

『アイビー東京』
三田 明(昭和41年)

『東京は恋する』
舟木一夫(昭和40年)

『東京プレイ・マップ』
沢 たまき（昭和45年）

『ラブユー東京』黒沢 明と
ロス・プリモス（昭和41年）

『イライラ東京』三浦正弘と
ハニー・ブラザース（昭和45年）

『東京娘』
桜 たまこ（昭和51年）

『東京メルヘン』
木之内みどり（昭和51年）

『東京砂漠』内山田 洋と
クール・ファイブ（昭和51年）

『東京は夜の七時』
ピチカート・ファイヴ（平成5年）

『TOKIO』
沢田研二（昭和55年）

『東京ららばい』
中原理恵（昭和53年）

『銀座のバカンス』
梅木マリ（昭和38年）

『夜の銀座』
ダーク・ダックス（昭和38年）

『銀座の空にも星がある』
石原裕次郎、牧村旬子（昭和37年）

『ラブリー銀座』
二宮ゆき子（昭和43年）

『銀座かぐや姫』
千 昌夫（昭和40年）

『銀座セレナーデ』
牧村純子（昭和39年）

『銀座夜のブルース』
石原裕次郎（昭和45年）

『夢売る銀座』
藤巻 潤（昭和43年）

『恋の銀座』黒沢 明とロス・プリモス（昭和43年）

『雨の銀座四丁目』
大国陽子（昭和46年）

『銀座の夜』
坂本 九（昭和46年）

『ジュテーム・ギンザ』
ケイ・松永（昭和45年）

『太陽にほえろ!2』
井上堯之バンド(昭和50年)

『都会の空に』
佐々木洋子(昭和48年)

『明日の愛』
五木ひろし(昭和49年)

『MY HAPPY TOWN』
讃岐裕子(昭和54年)※PR盤

『美しい涙のためのバラード』
荒木一郎(昭和51年)

『暁に駆ける』
牧 美智子(昭和51年)

『A Day』
矢沢永吉(昭和51年)

『東京風来坊』
シェリー(昭和56年)

『都会の潮騒』
木之元 亮(昭和55年)

東京レコード　索引

東京レコード散歩の歩き方

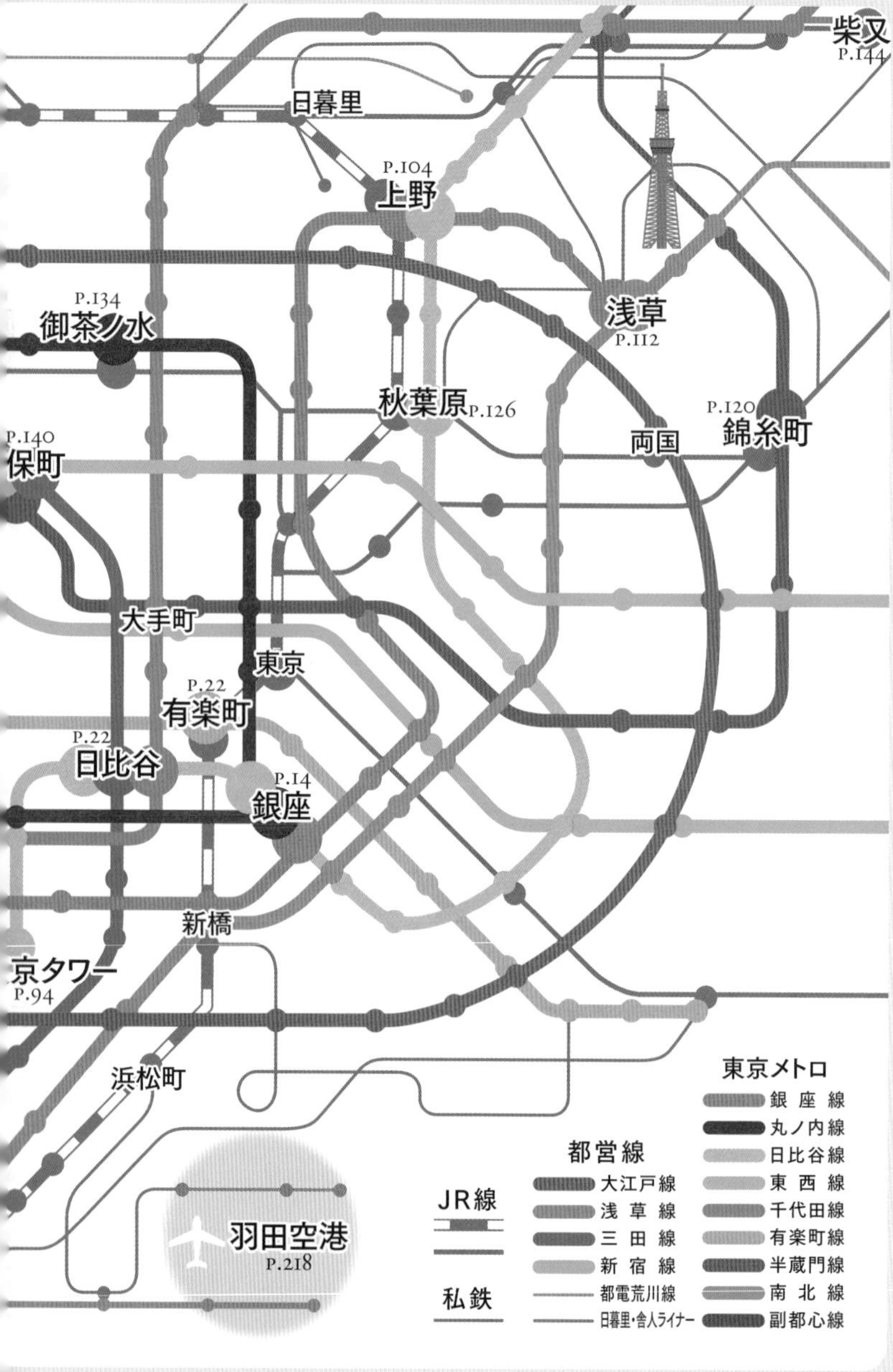

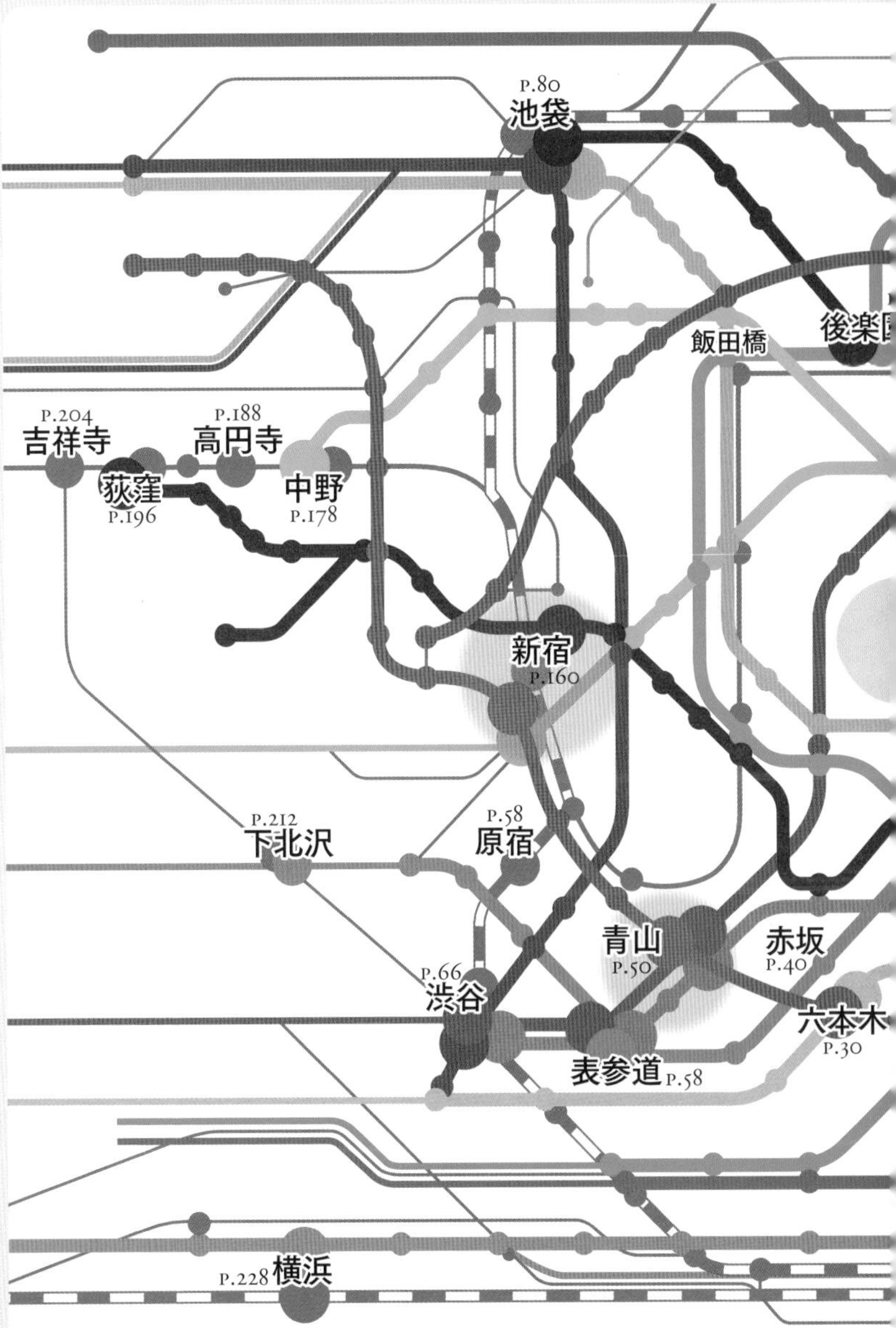
P.80
池袋
飯田橋
後楽園
P.204
吉祥寺
P.188
高円寺
中野
P.178
荻窪
P.196
新宿
P.160
P.212
下北沢
P.58
原宿
青山
P.50
赤坂
P.40
P.66
渋谷
六本木
P.30
表参道 P.58
P.228 横浜

あとがき

2020年の東京オリンピックを控えた東京はめまぐるしく変貌している。連載時からそれほど時間が経っていないのに、単行本化にあたって再訪すると、ビルが忽然と無くなっていたり、新しい施設が出来ていたりして驚かされることが多かった。当初は東京の歌に関する所縁の歌を検証しながら、かつてあったレコード店の面影も偲ぼうなどと思い描きながらいざ散歩に出かけてみると、それらの街で過ごした懐かしい想い出が次々と甦ってきて、ついプライベートな記述が多くなってしまったことをお赦しいただきたい。

各章を書き進めるにつれて思い出したのが、自分より9つ歳上で、最も羨ましく思う世代の泉麻人さんが2001年に著された『青春の東京地図』という書だった。一世代上の、わりと近い地域に産まれ育った方から見た当時の東京の風景が興味深く、氏の著作の中でも特に好きな一冊。いつか自分もこんな本が出せたらいいなという想いが、実は本書には込められている。その泉さんから帯文をいただけたのは感無量で、感謝の念に堪えない。コラムニストとしてデビューする前の氏は「TVガイド」誌の記者であり、今回の出版を快諾いただいた東京ニュース通信社のOBというご縁もある。

本書の書籍化にあたり、多くの方にお世話になりました。Webサイト「歌謡曲リミテッド」での連載の機会を与えて下さった中村博久さん、Web版のデザイナー・大山昌志さん、街の写真を撮り下ろしていただいたカメラマンの石塚康之さん、本文のデザインを手懸けて下さった長井雅子さん、索引作成と一部のレコードジャケットも提供いただいた若きアーカイヴァー・岡ななみさん、諸方面へ奔走いただいたアンソロジストの濱田高志さん、連載時からの担当で、毎回の散歩にも常に同行して便宜を図らって下さったT氏こと竹部吉晃さん、書籍化を提案・推進いただいた東京ニュース通信社の菅野大輔さん、氏をご紹介下さった指南役さんにもこの場を借りて御礼を申し上げます。お世話になった東京ニュース通信社の平松恵一郎さんのお取り計らいにより、憧れのソリマチアキラさんに装丁をご快諾いただけたのは望外の喜びでした。ほか、様々な形でご支援下さった方々のご厚情に最大限の謝辞を申し述べると共に、本書をご購読いただいた皆さまに心より感謝申し上げます。

と、ここまでが平成28年版のあとがき（一部割愛）。以下は今回の〈追歩版〉にあたってのあとがきのあとがきになる。この5年間で東京はさらなる変貌を遂げており、まさか東京オリンピックが延期になってしまうなどとは思いもよらなかった。予想外のコロナ禍もあって、レコード店のみならず閉店した店が多く、切ない気持ちにさせられてばかりの令和の新時代である。主な街の変化については、本文中に※を付けて脚注に記した。「柴又」「下北沢」、さらに番外篇の「横浜」は新追加の章。もっと訪ねたい街もあったのだが……。

今回、何より嬉しかったのは、レコード道の敬愛する先輩、小西康陽さんから新たな帯文をいただけたこと。誠にありがとうございました。映画の中の昭和の東京についても、今後ご教授いただきたい所存です。そして、前回に引き続いての皆さま、また、初めて本書を手にとっていただいた皆さまに改めて感謝申し上げます。記憶の中の風景を懐かしみつつも、東京の街の変化をもうしばらく見続けていたいと思う今日この頃。時短もマスクもない、愉しきレコード散歩を再開出来る日々が早く戻ってくることを祈りながら。

令和3年3月
鈴木 啓之（アーカイヴァー）

Profile
鈴木啓之（すずきひろゆき）

アーカイヴァー。昭和40年東京都生まれ。テレビ制作会社勤務、中古レコード店経営を経て、ライター及びプロデュース業。昭和の音楽、テレビ、映画を主に、雑誌への寄稿、CDの企画・監修、DVDのライナーやオーディオコメンタリー、イベントの企画・主催など。著書に「昭和歌謡レコード大全」（白夜書房）、「王様のレコード」（愛育社）、「アイドル・コレクション80's」（ファミマ・ドット・コム）ほか、共著多数。「ラジオ歌謡選抜」（FMおだわら／毎週日曜23時～）、「ゴールデン歌謡アーカイヴ」（ミュージックバード／毎週土曜22時～）に出演中。

https://twitter.com/figlio_unico

編　集　竹部吉晃

デザイン　長井雅子、長井裕、小林幸乃（in C）

写　真　石塚康之、竹部吉晃

東京レコード散歩 追歩版
昭和歌謡の風景をたずねて

第1刷　2021年3月29日

著　者　鈴木啓之

発行者　田中賢一

発　行　株式会社東京ニュース通信社
〒104-8415
東京都中央区銀座7-16-3
電話 03-6367-8023

発　売　株式会社講談社
〒112-8001
東京都文京区音羽2-12-21
電話 03-5395-3606

印刷・製本　株式会社シナノ

ISBN978-4-06-523449-5